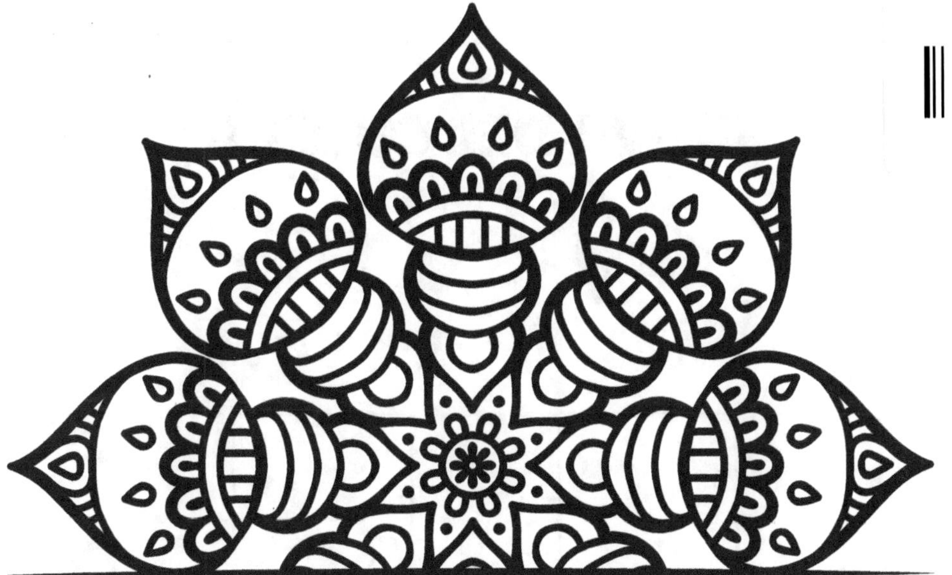

Questo libro appartiene a:

____

____

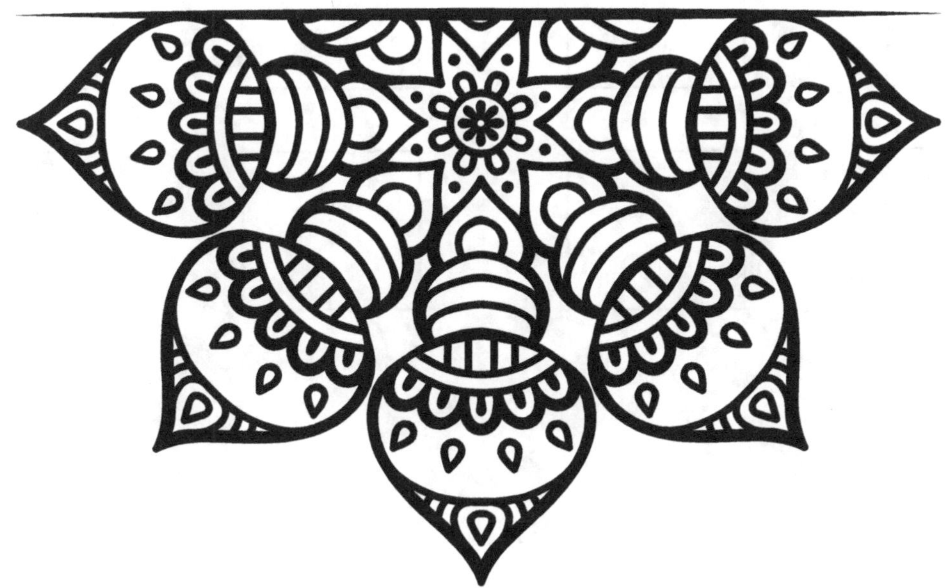

PROVA DEL COLORE

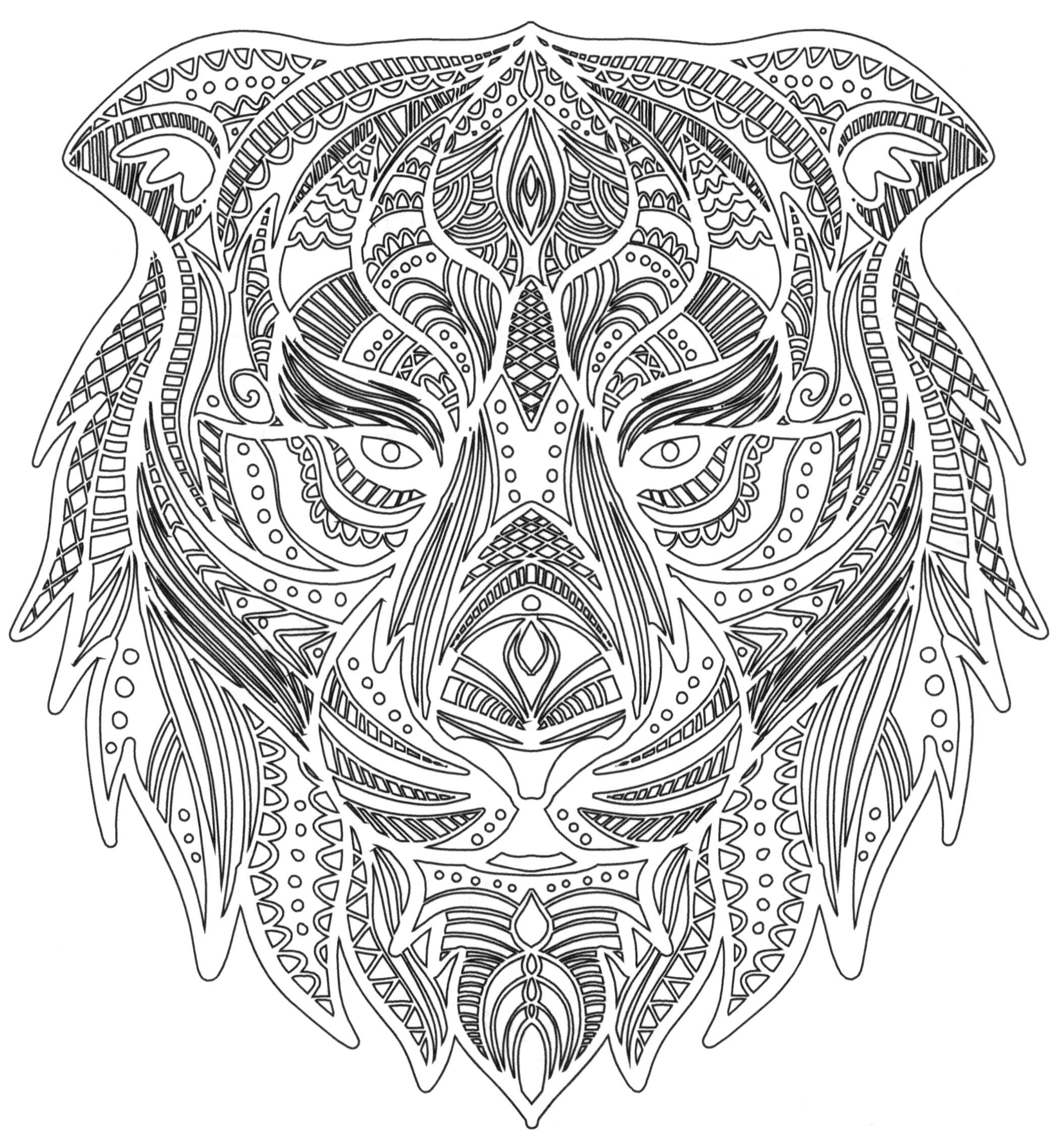

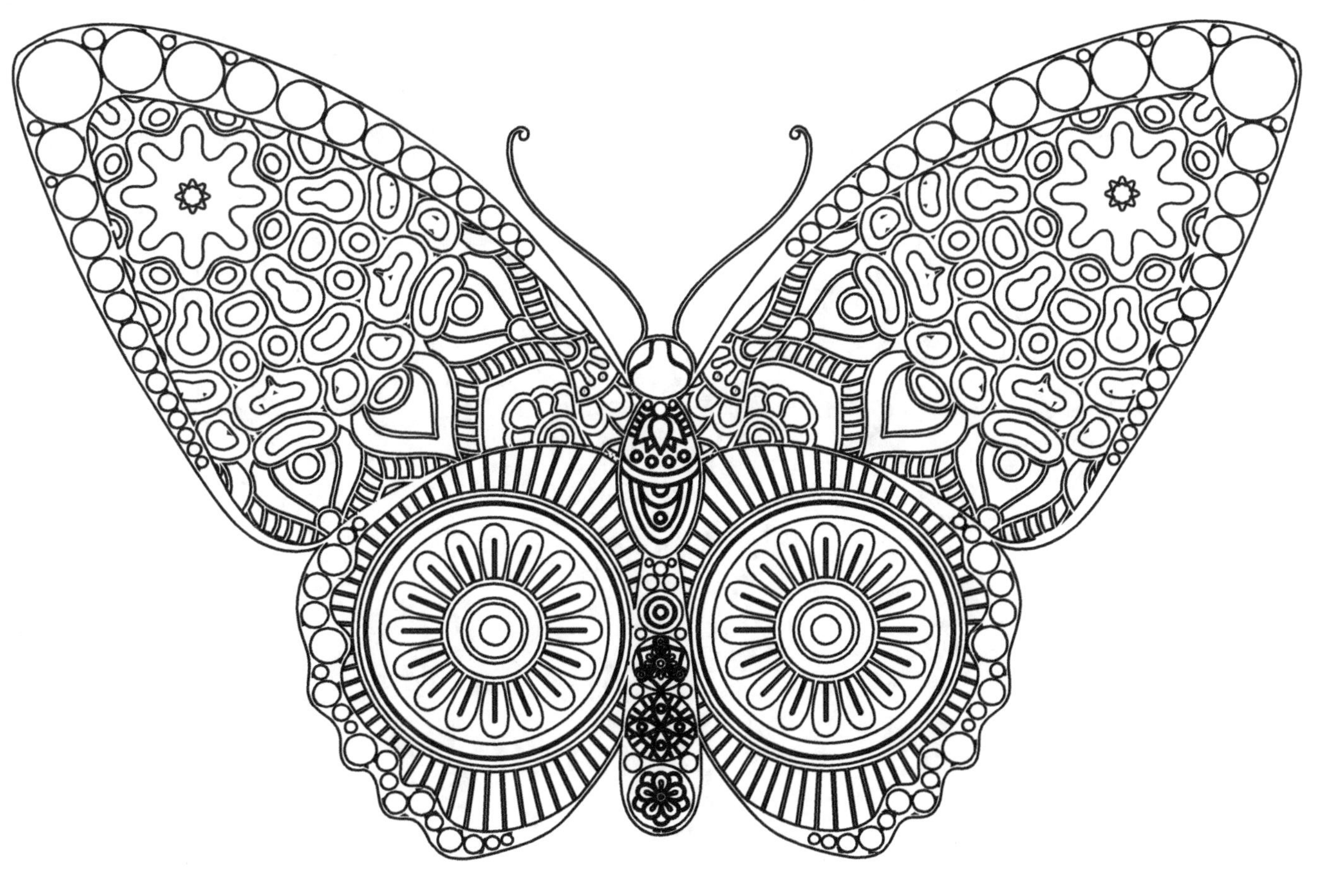

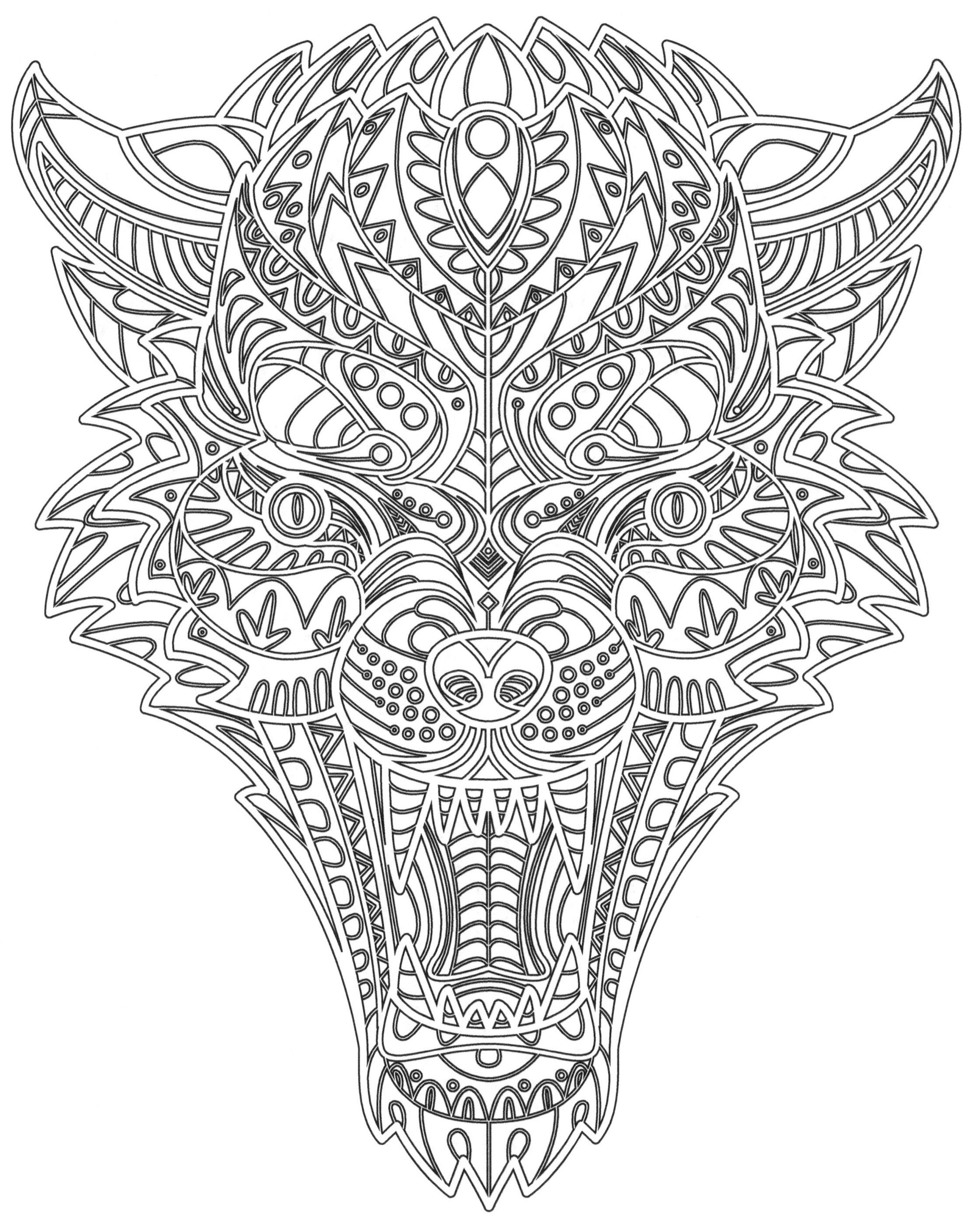

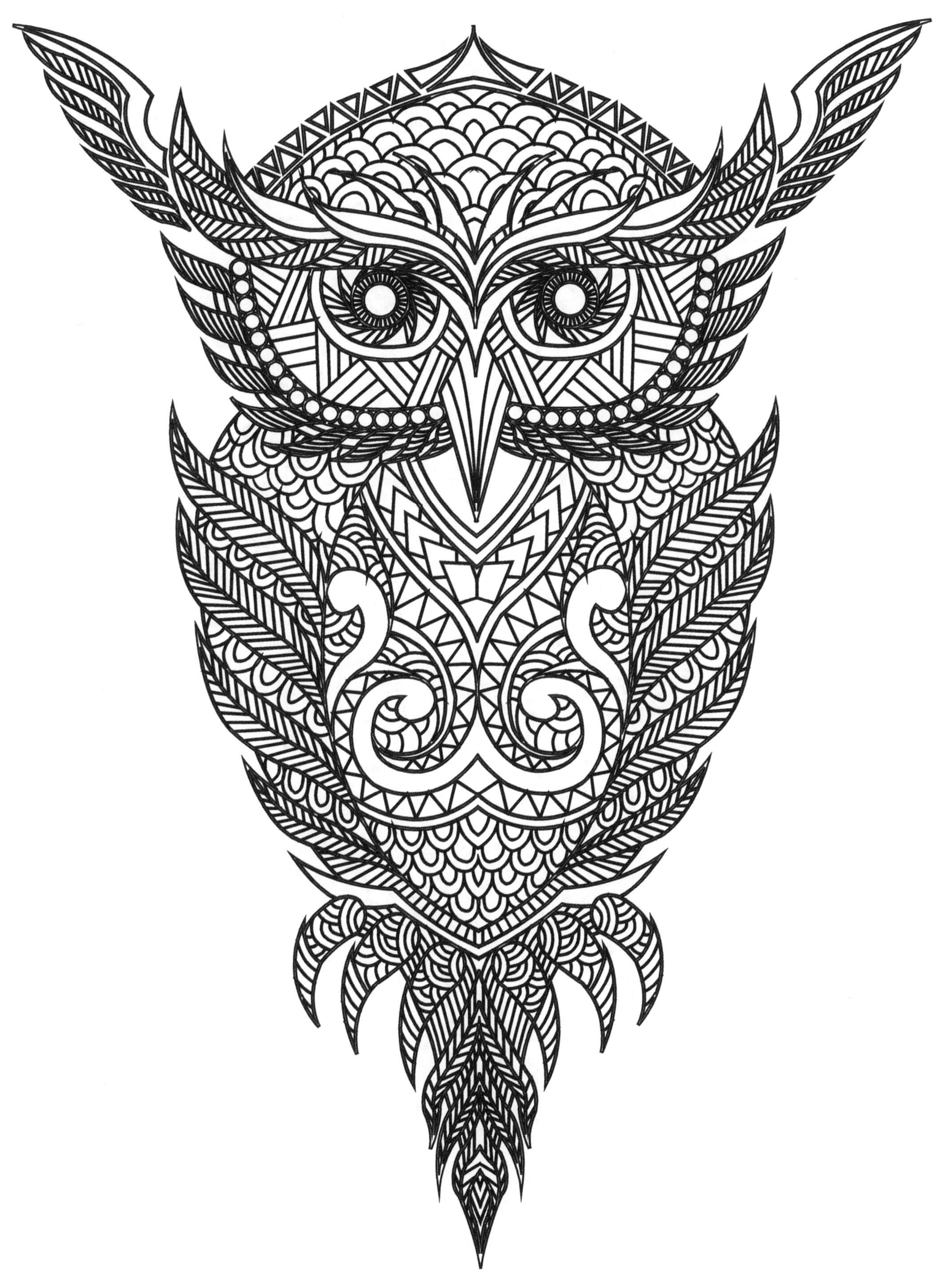

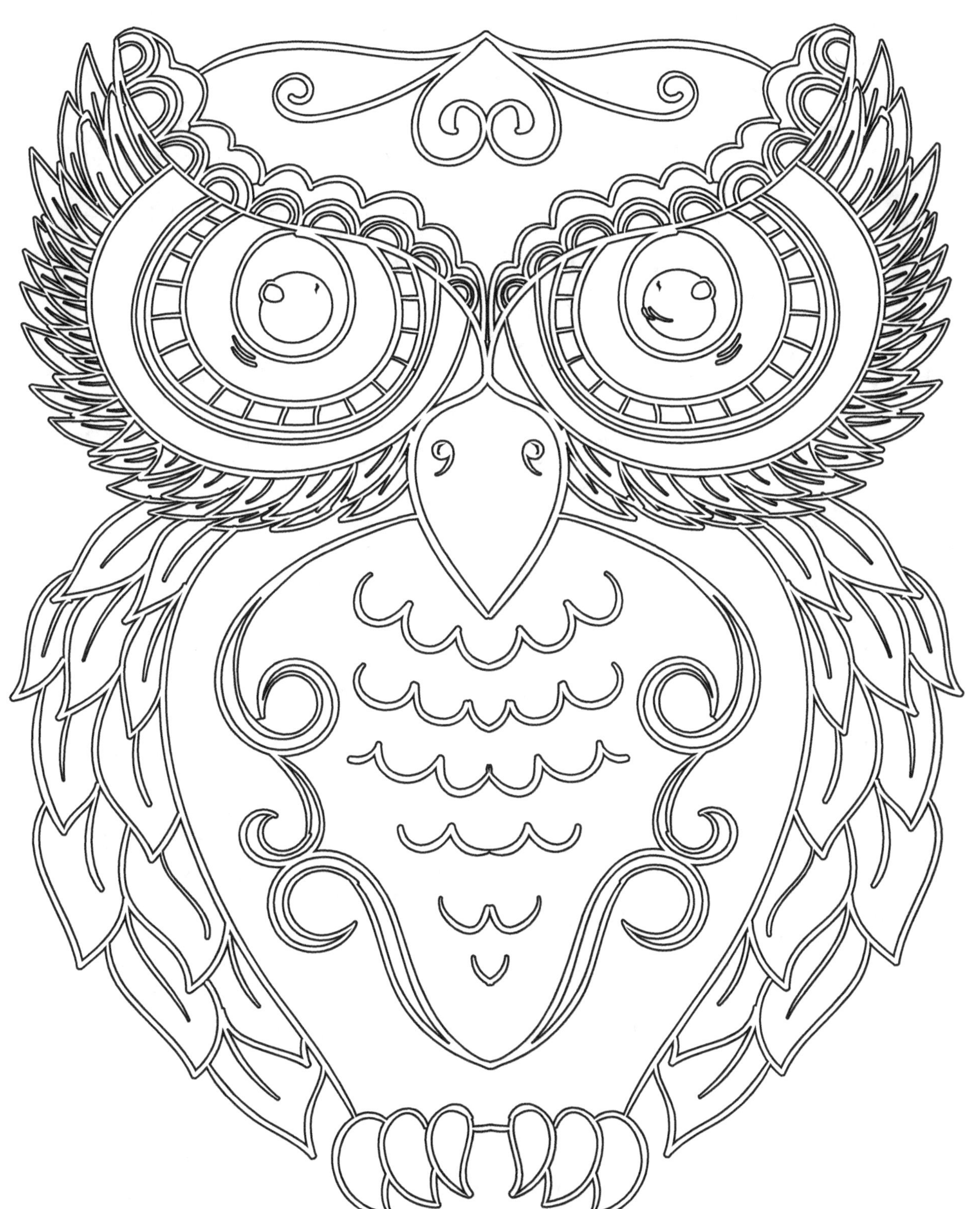

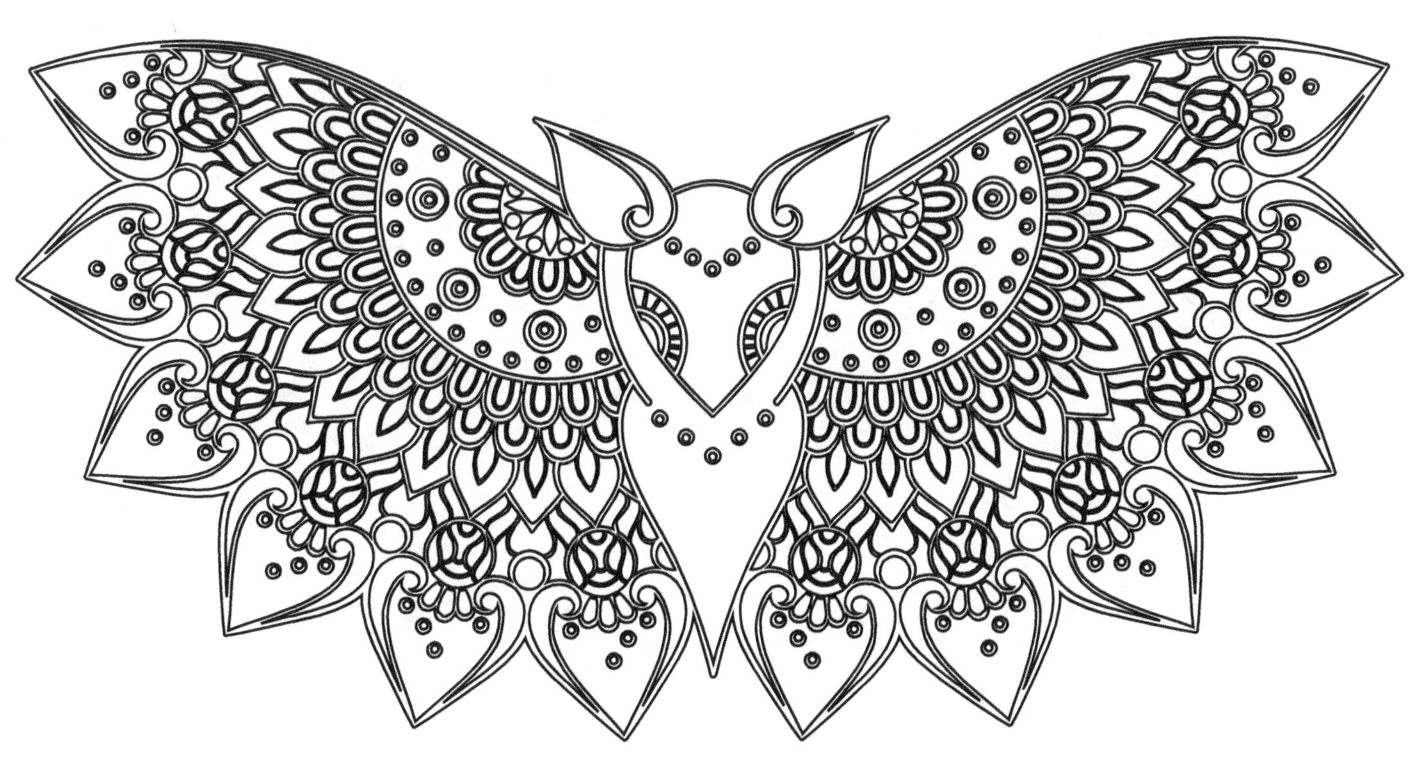

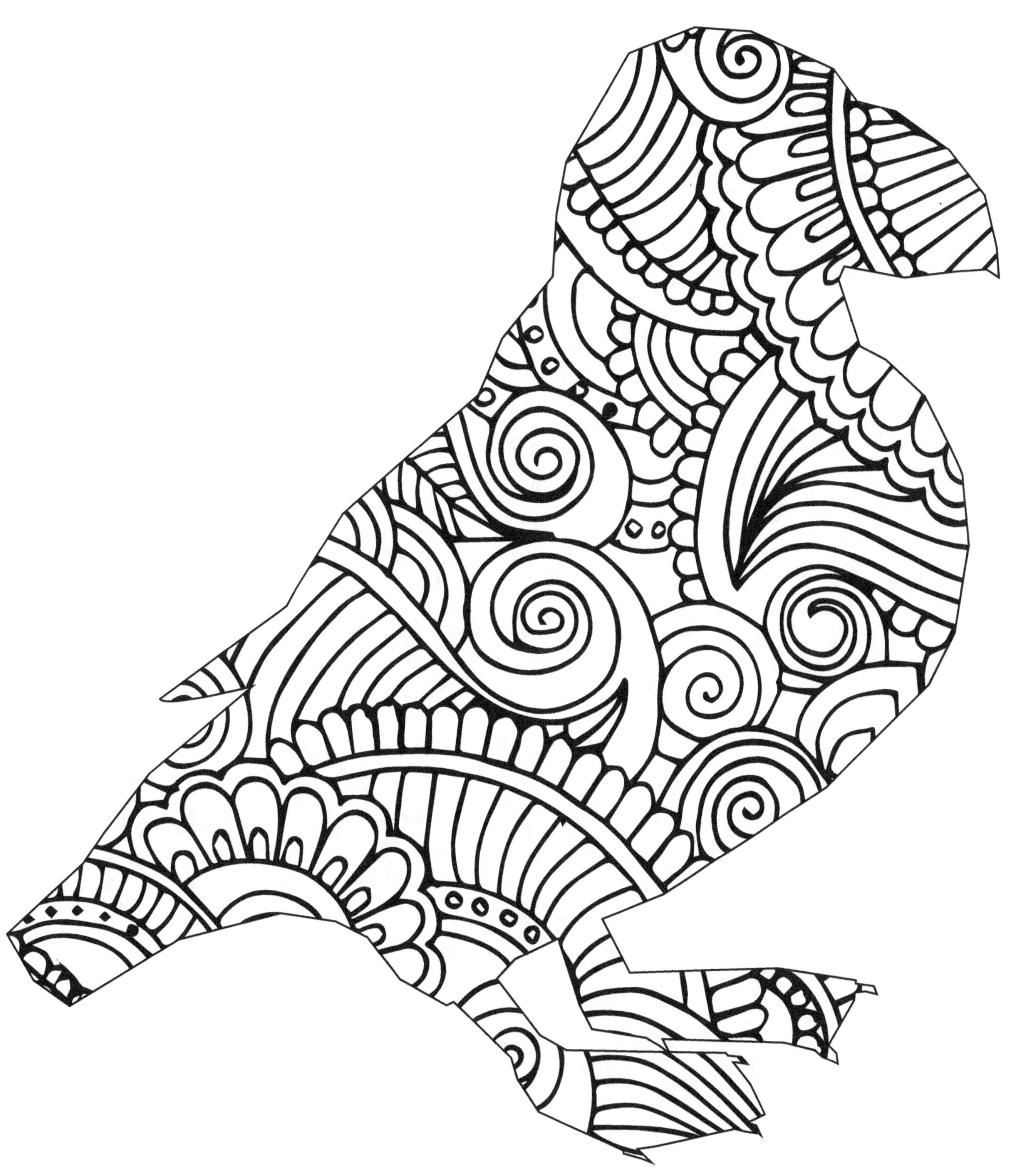

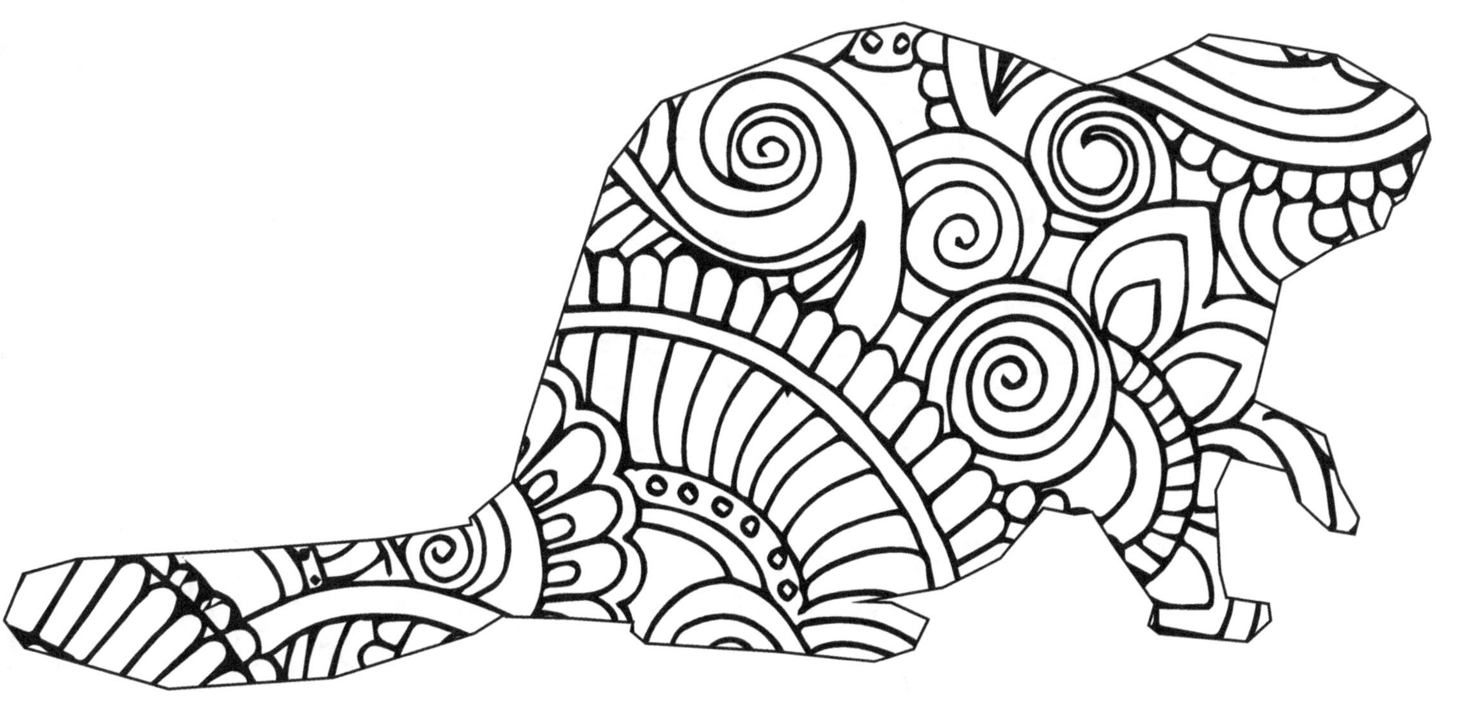

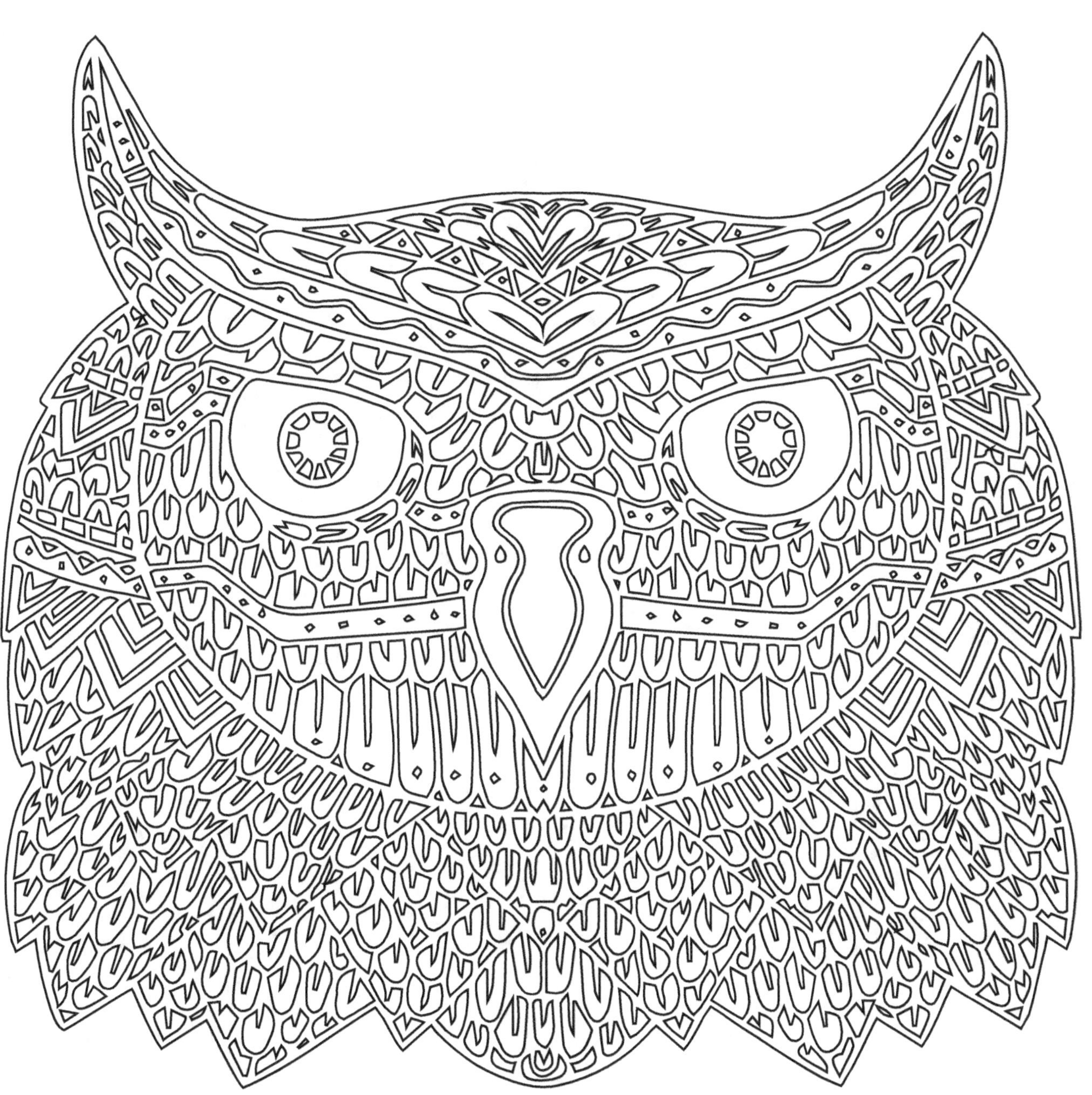

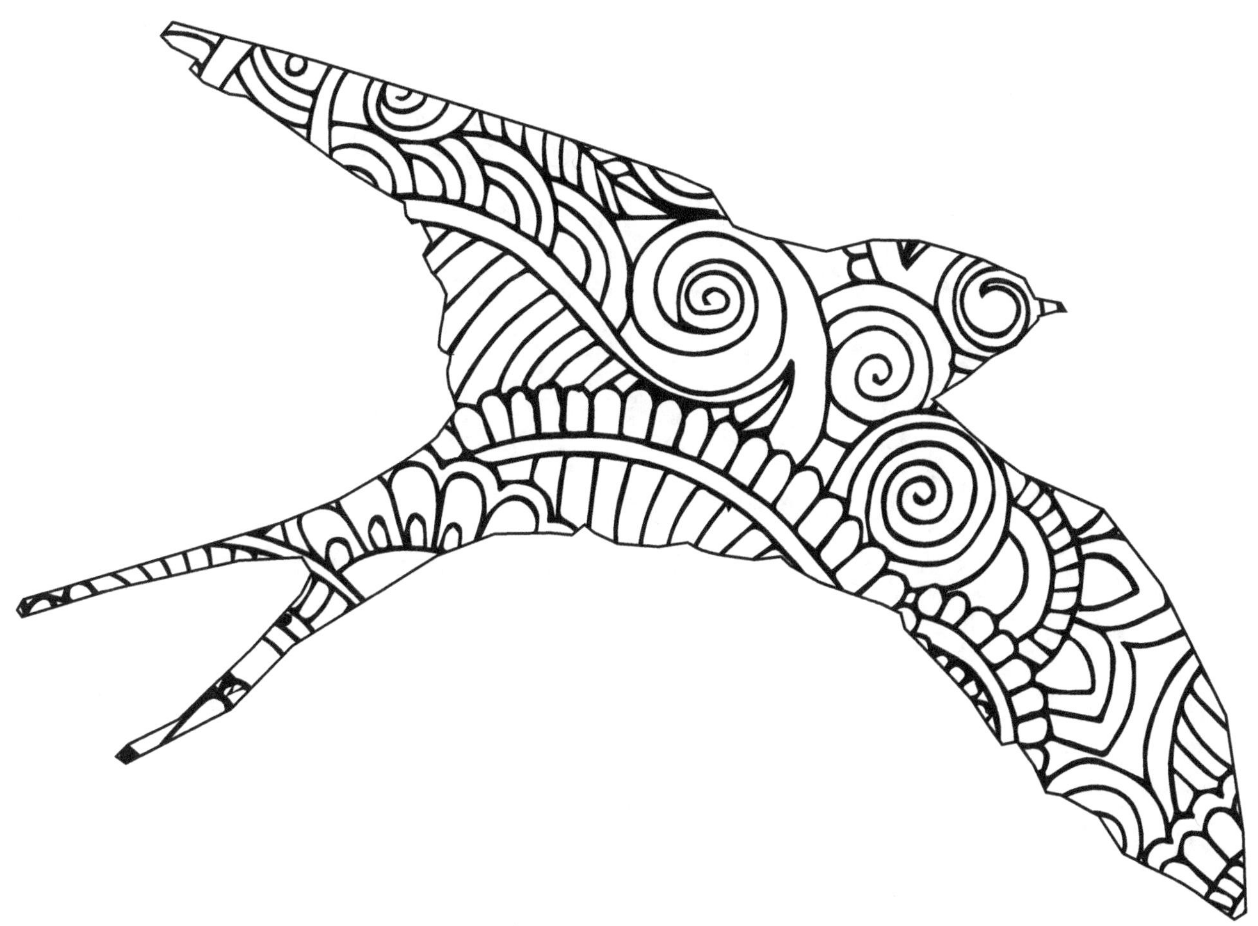

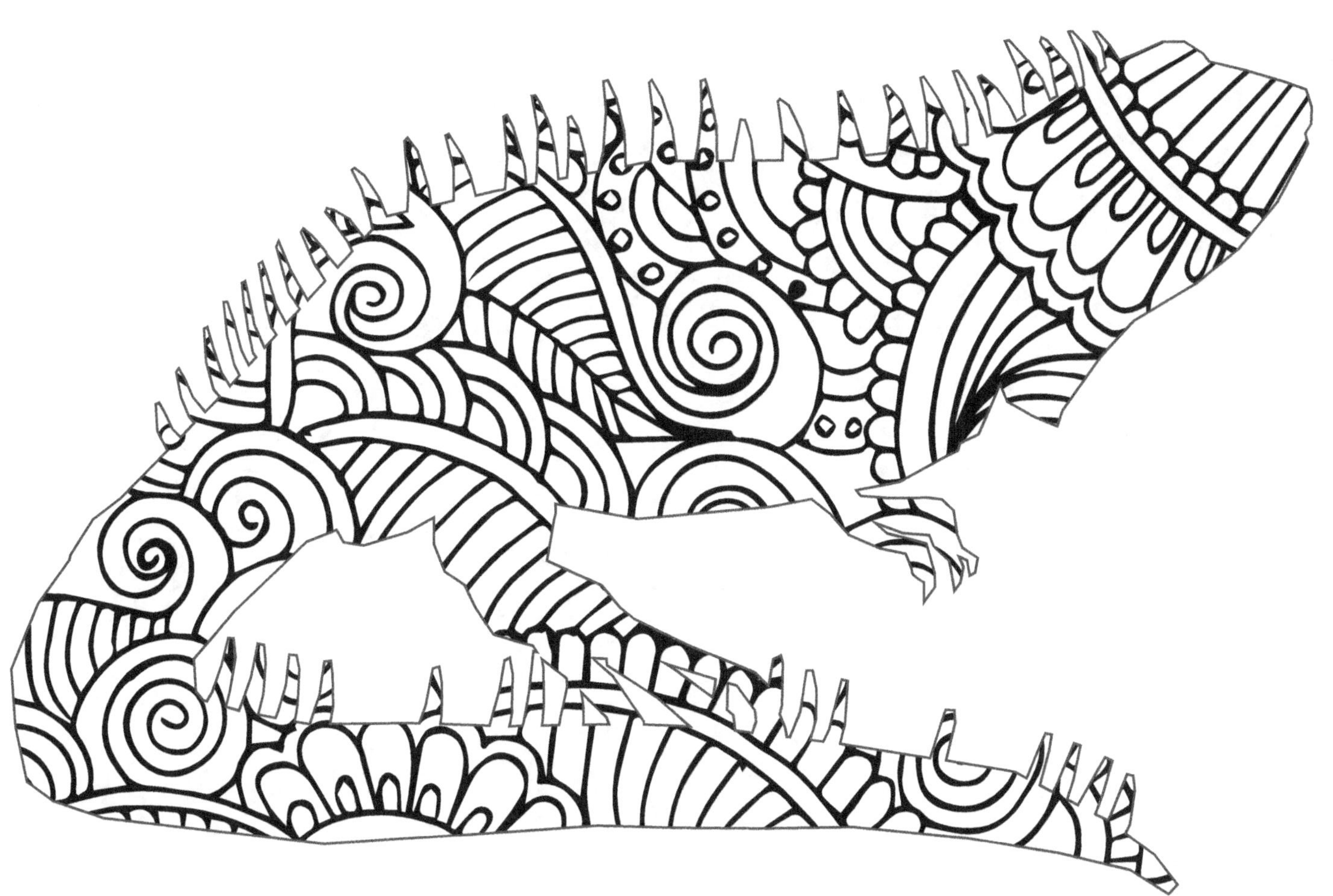

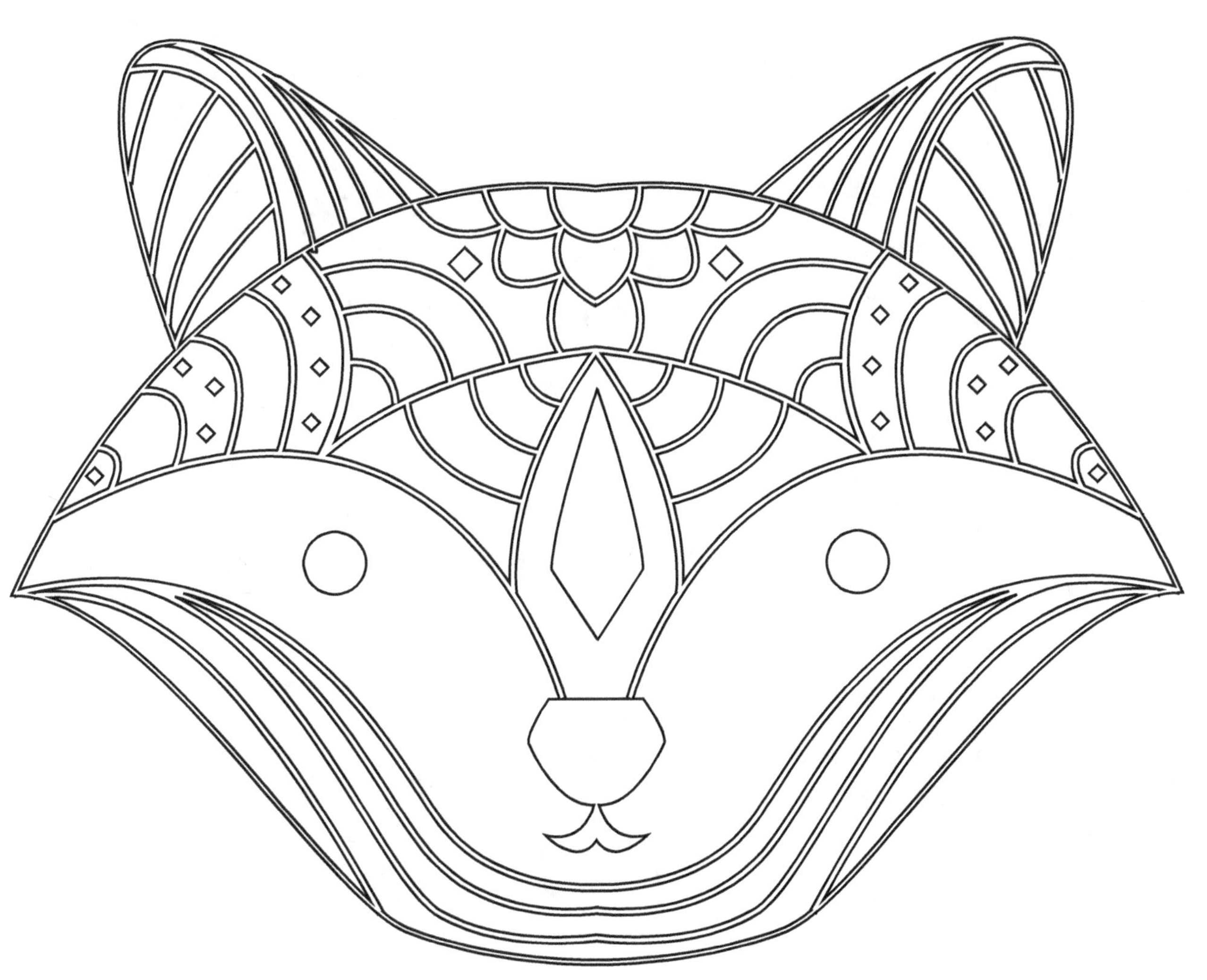

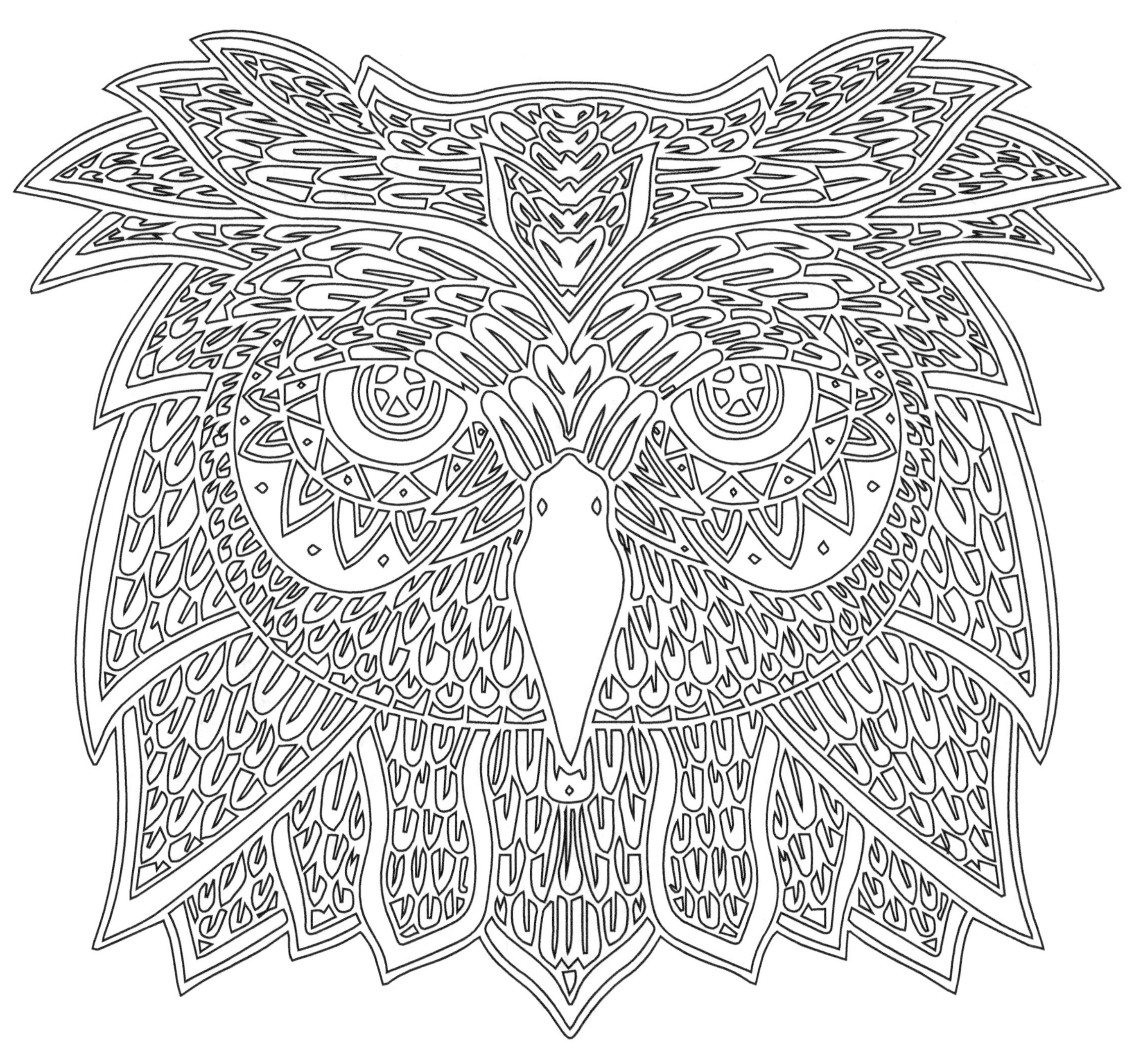

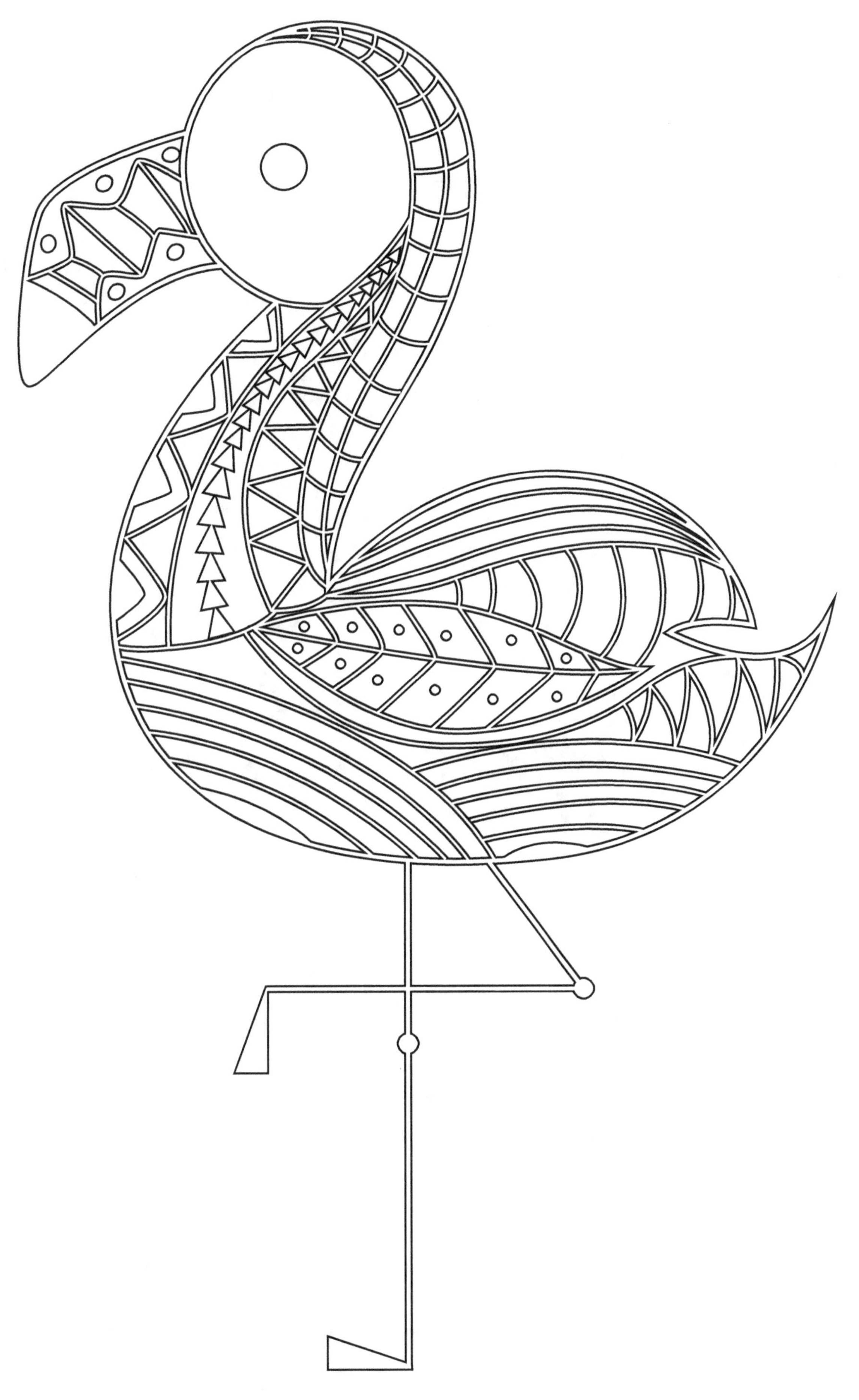

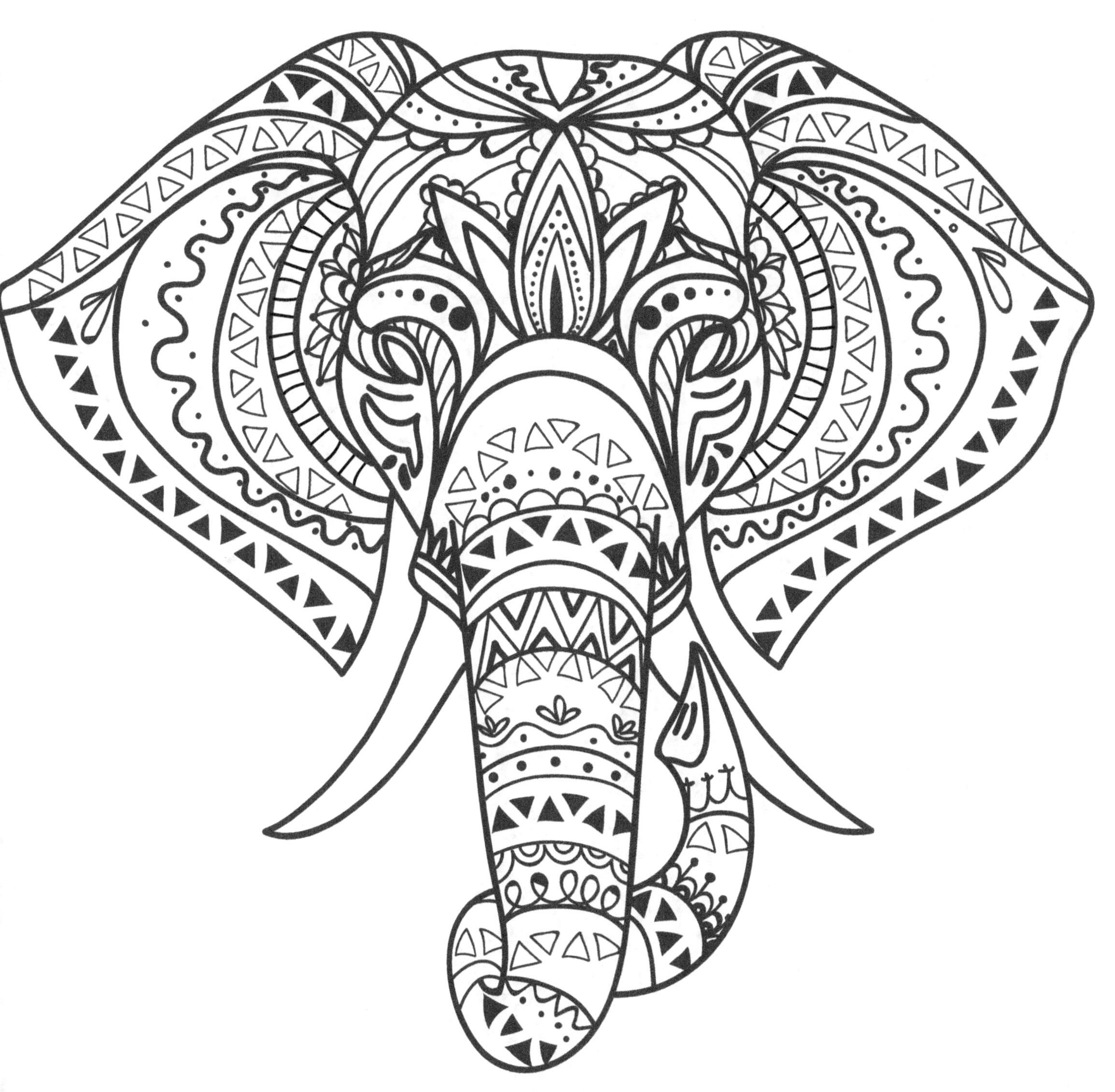

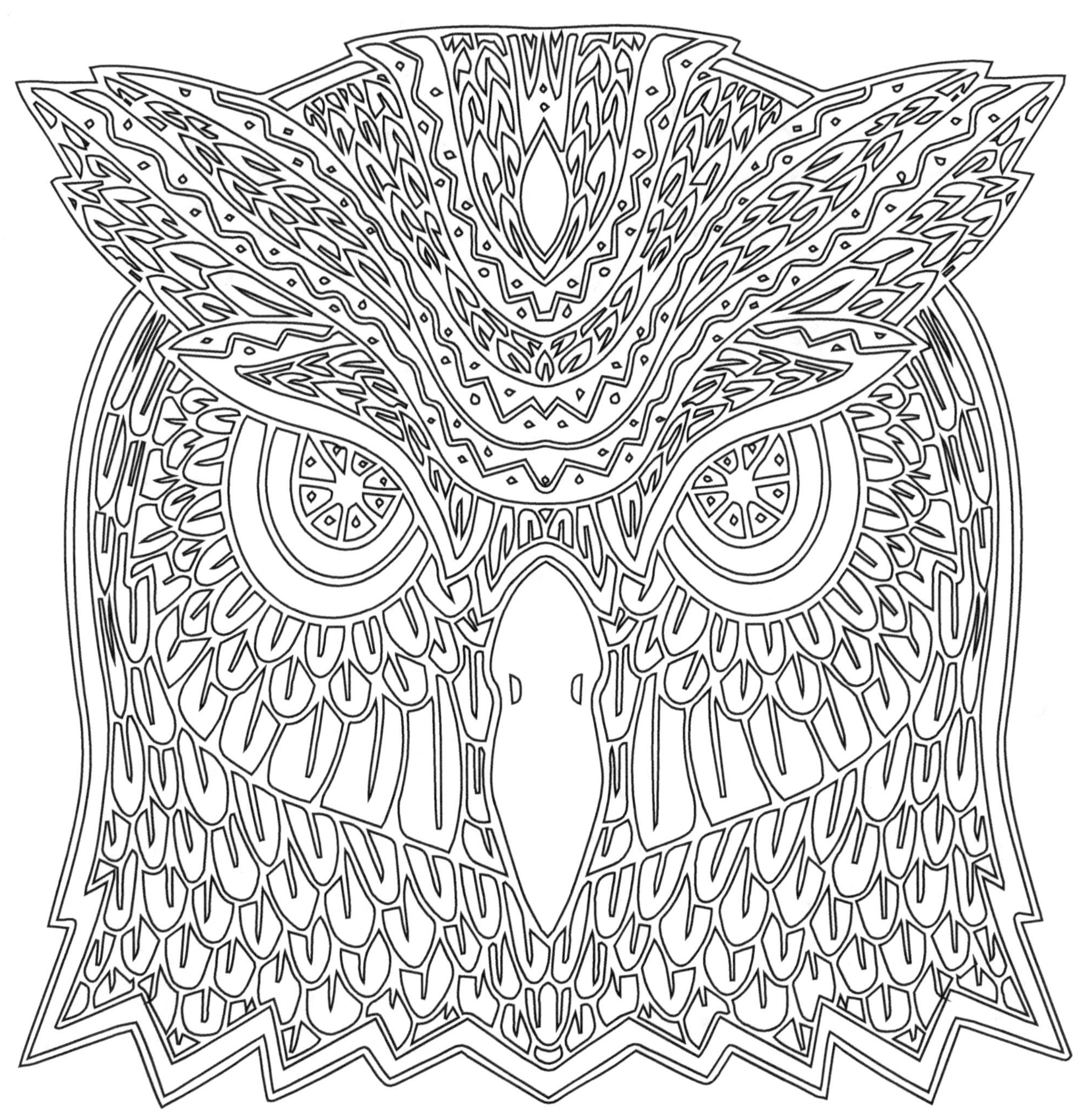

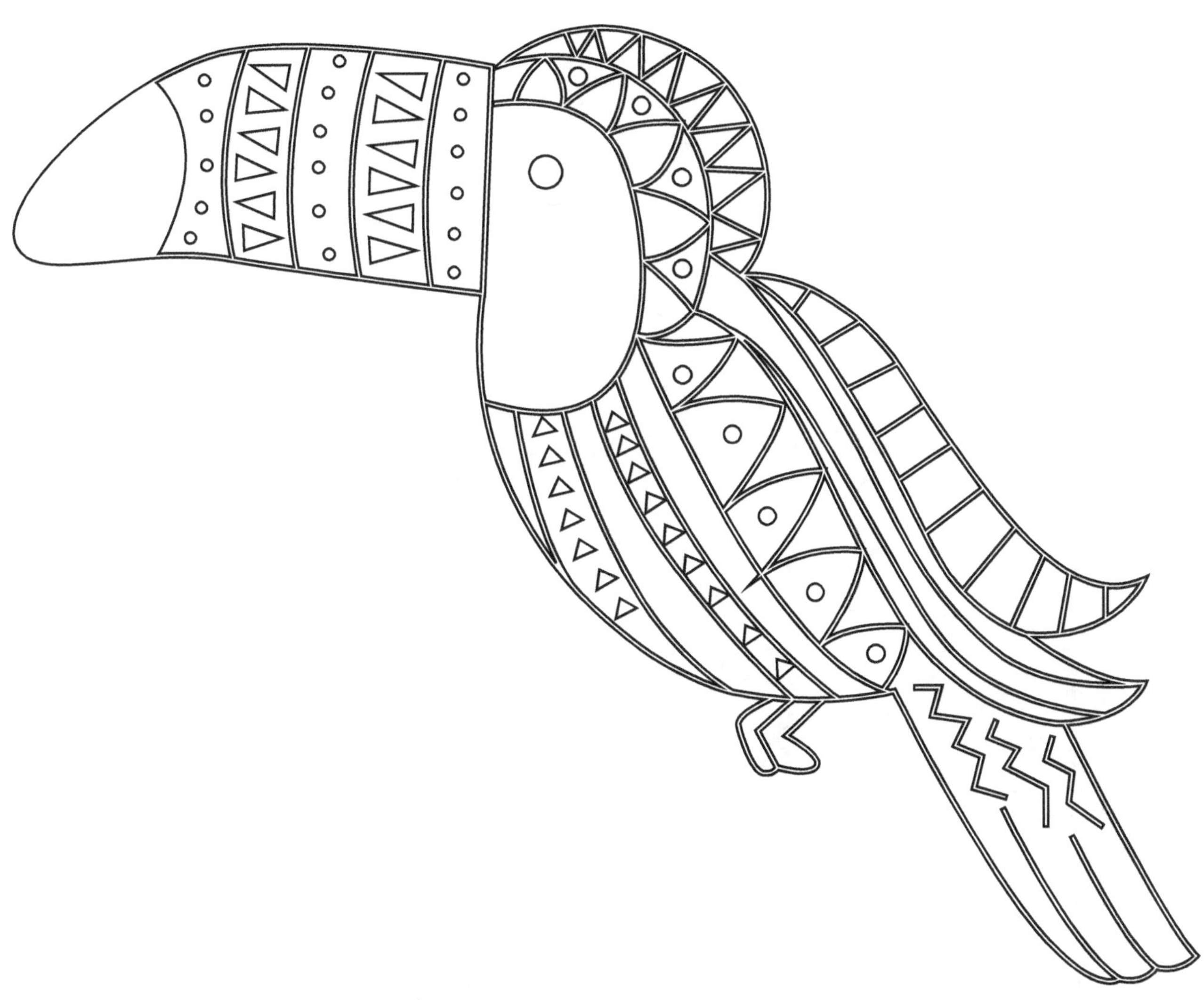

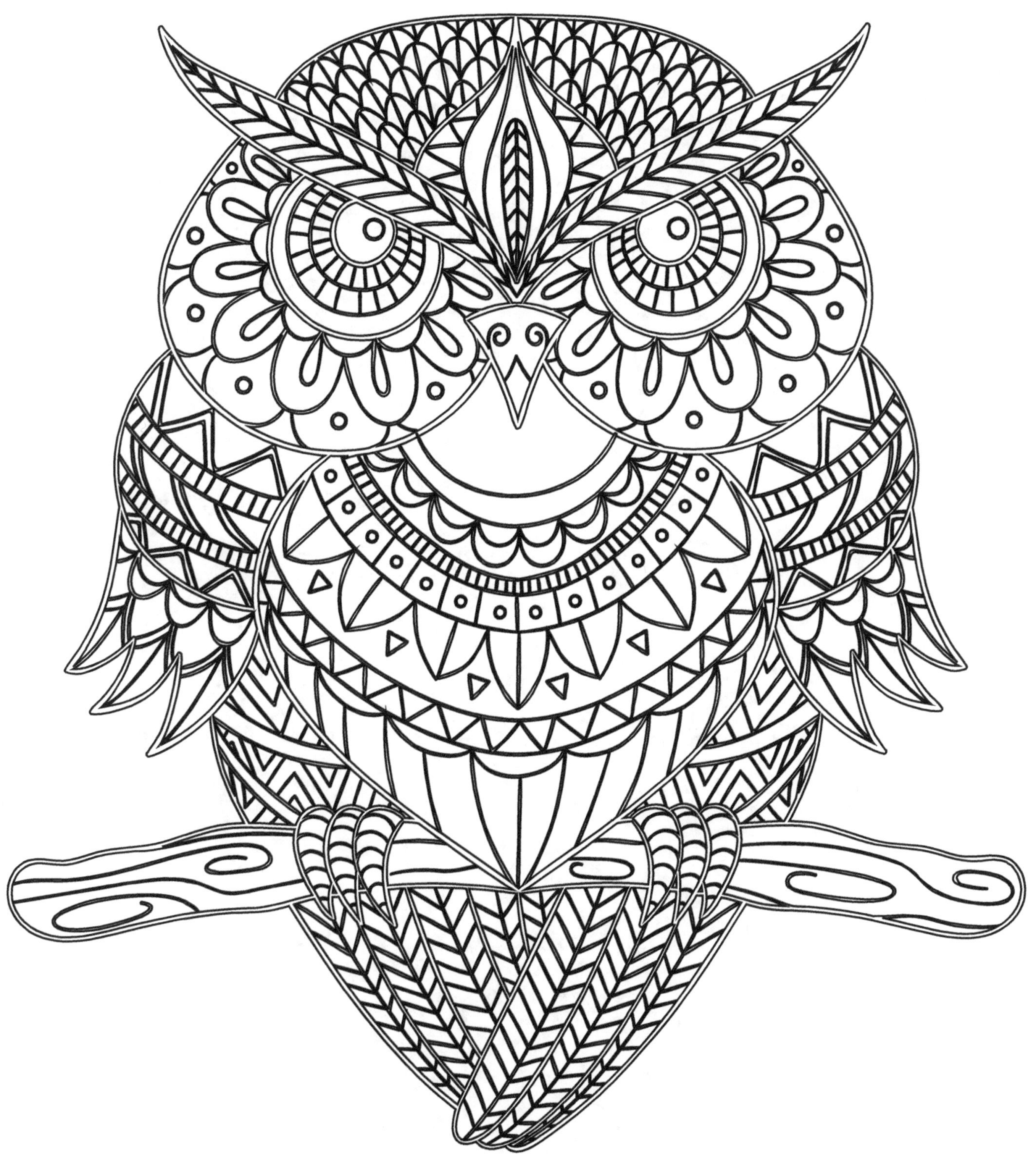

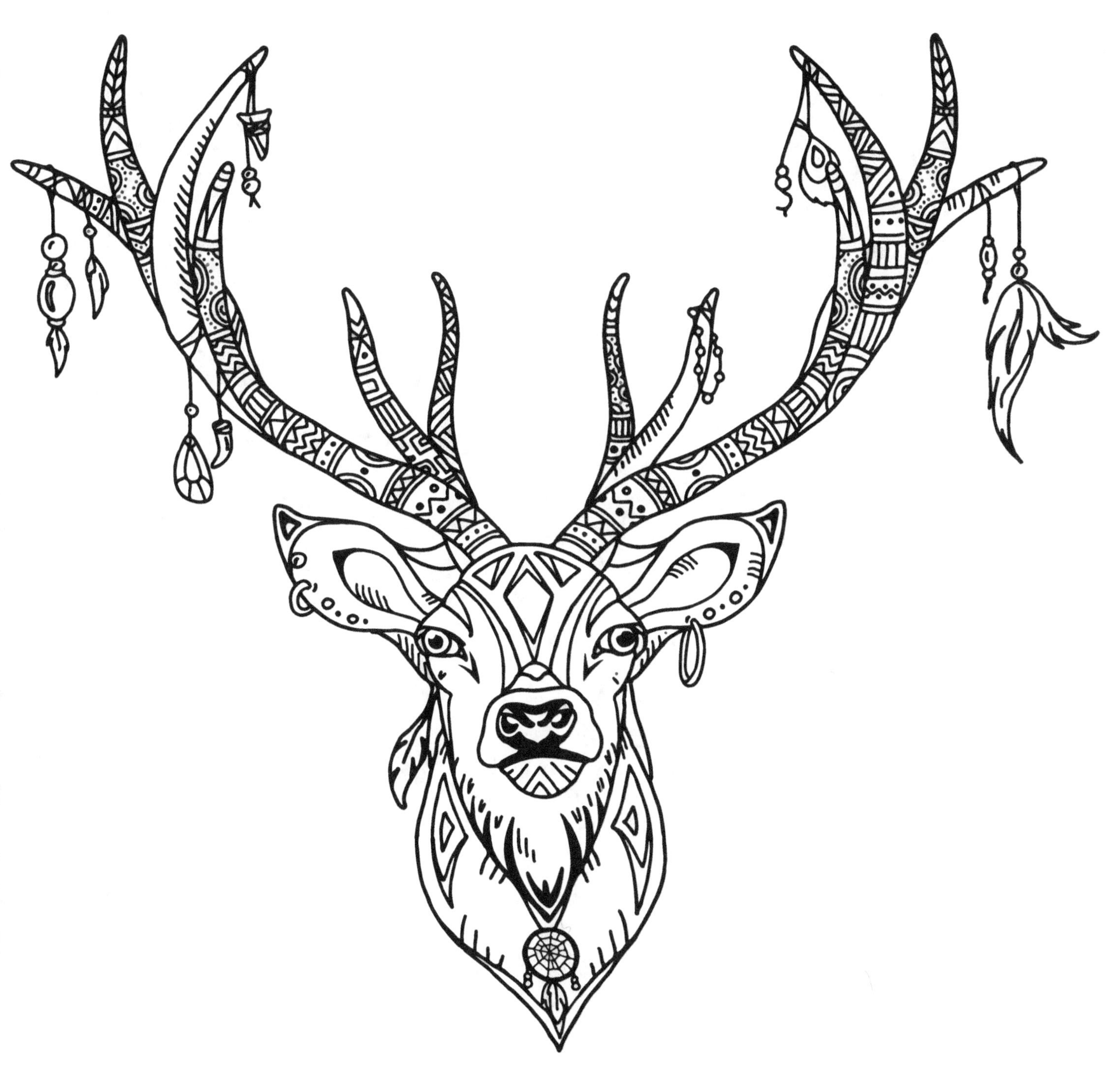

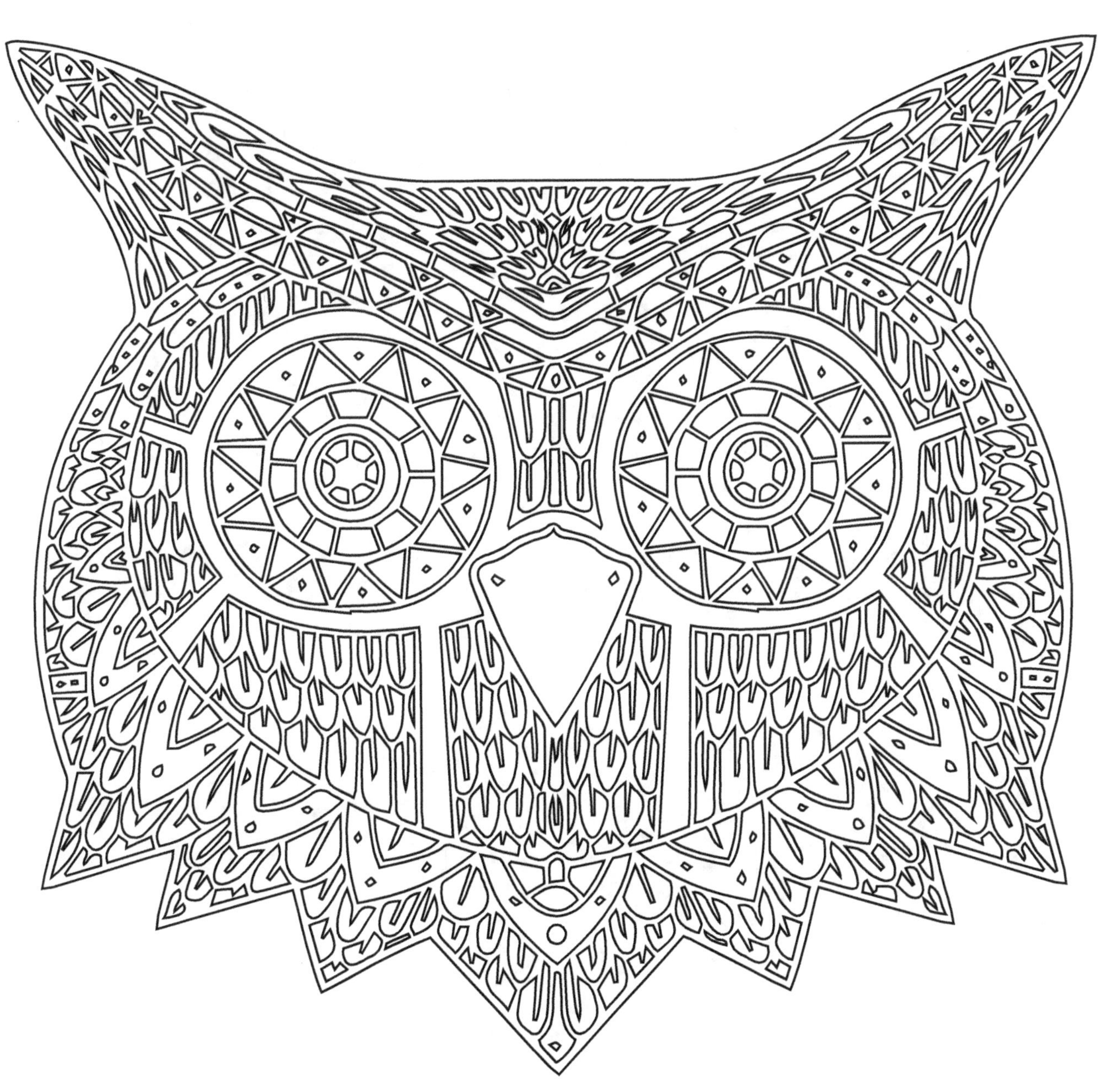

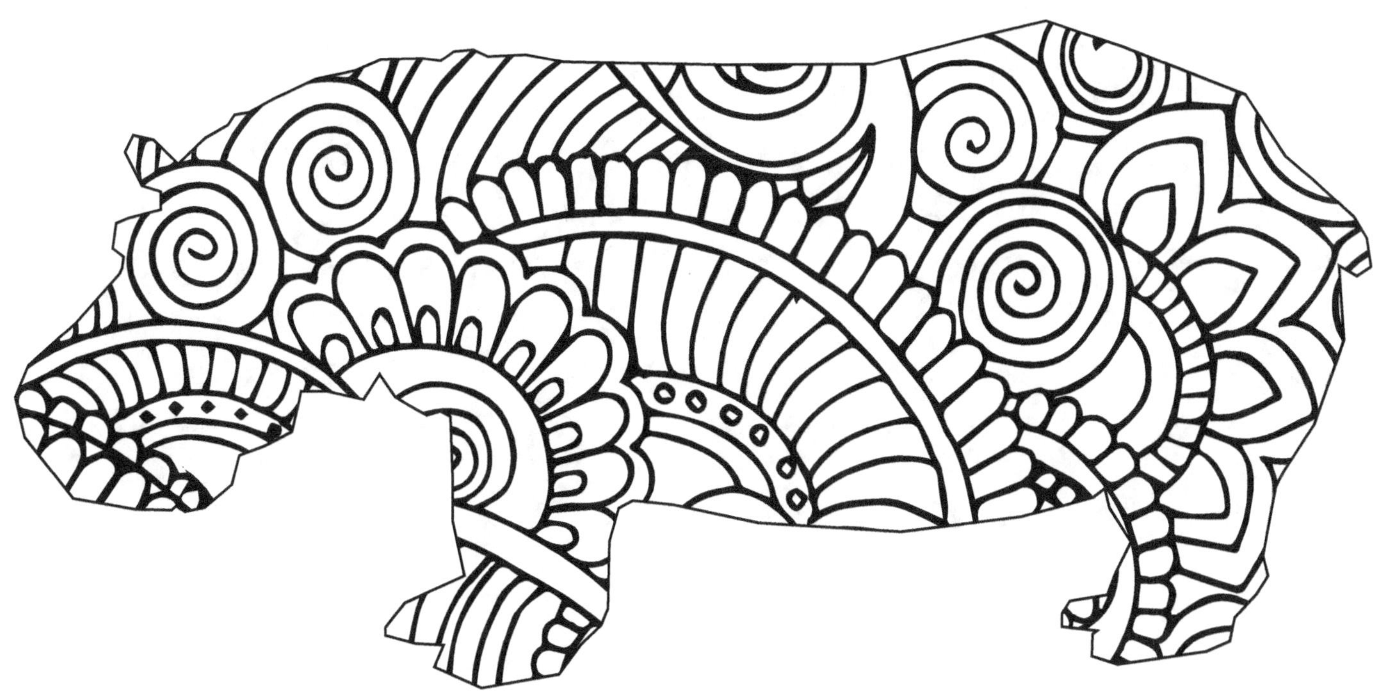

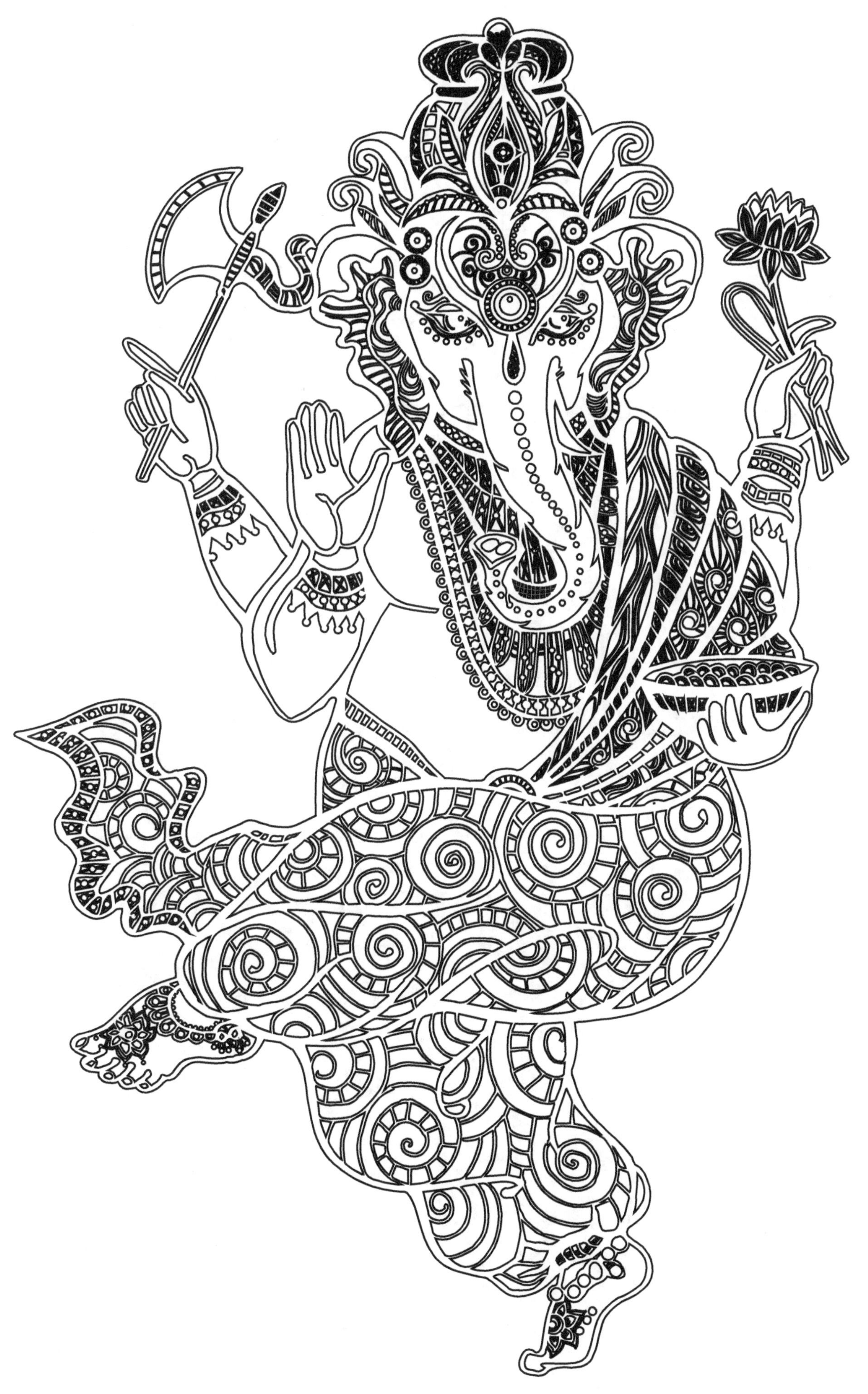

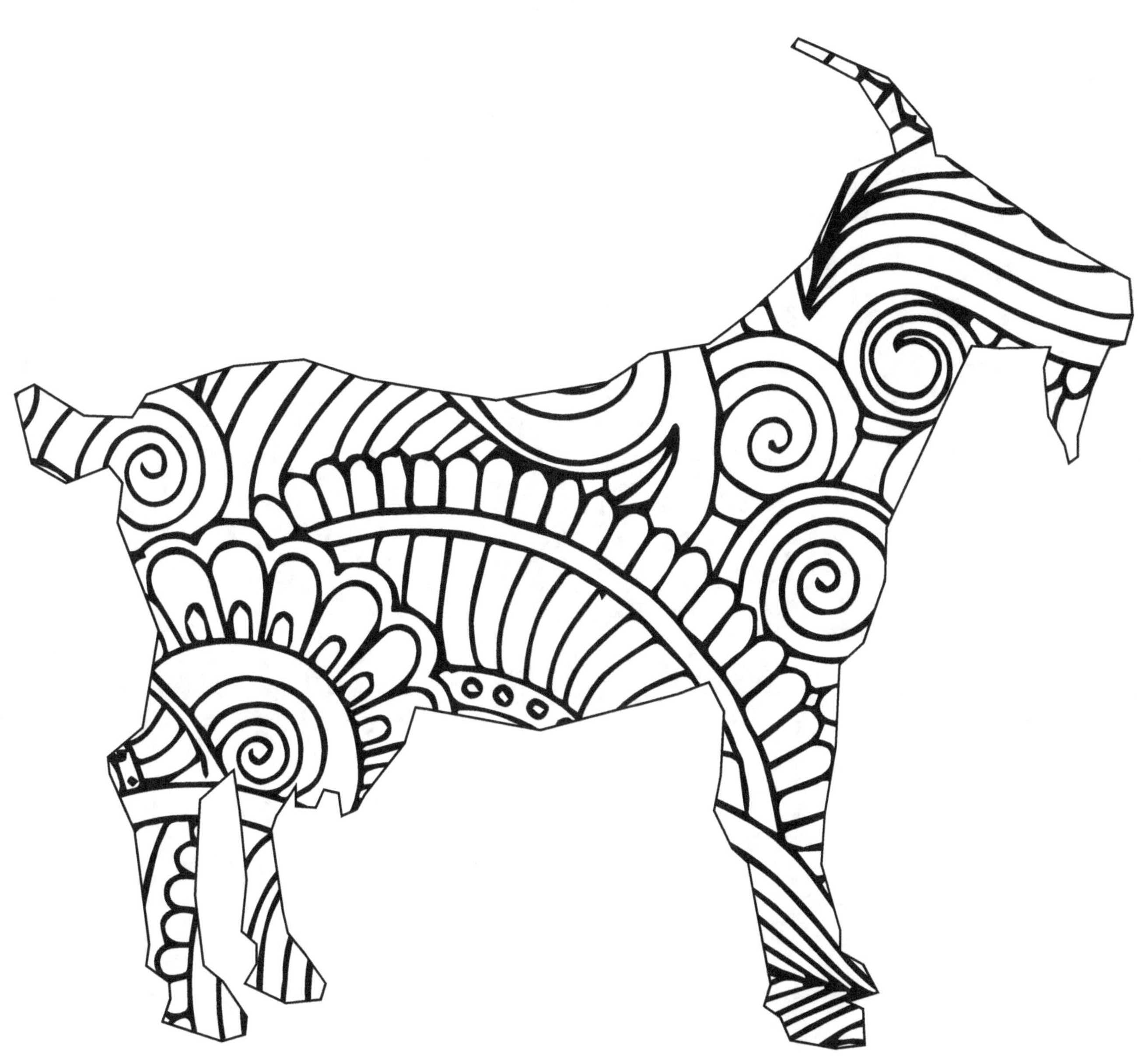

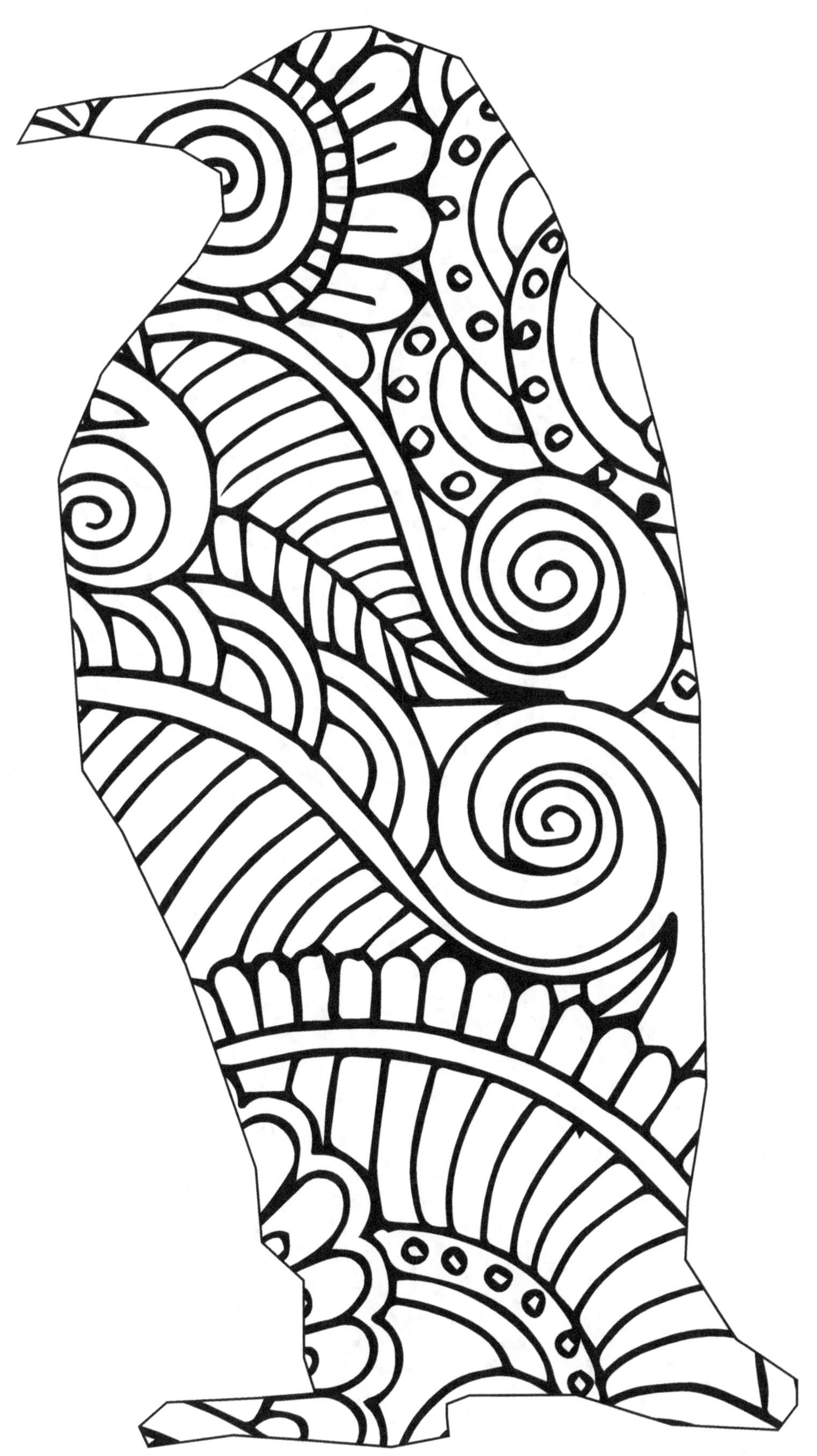

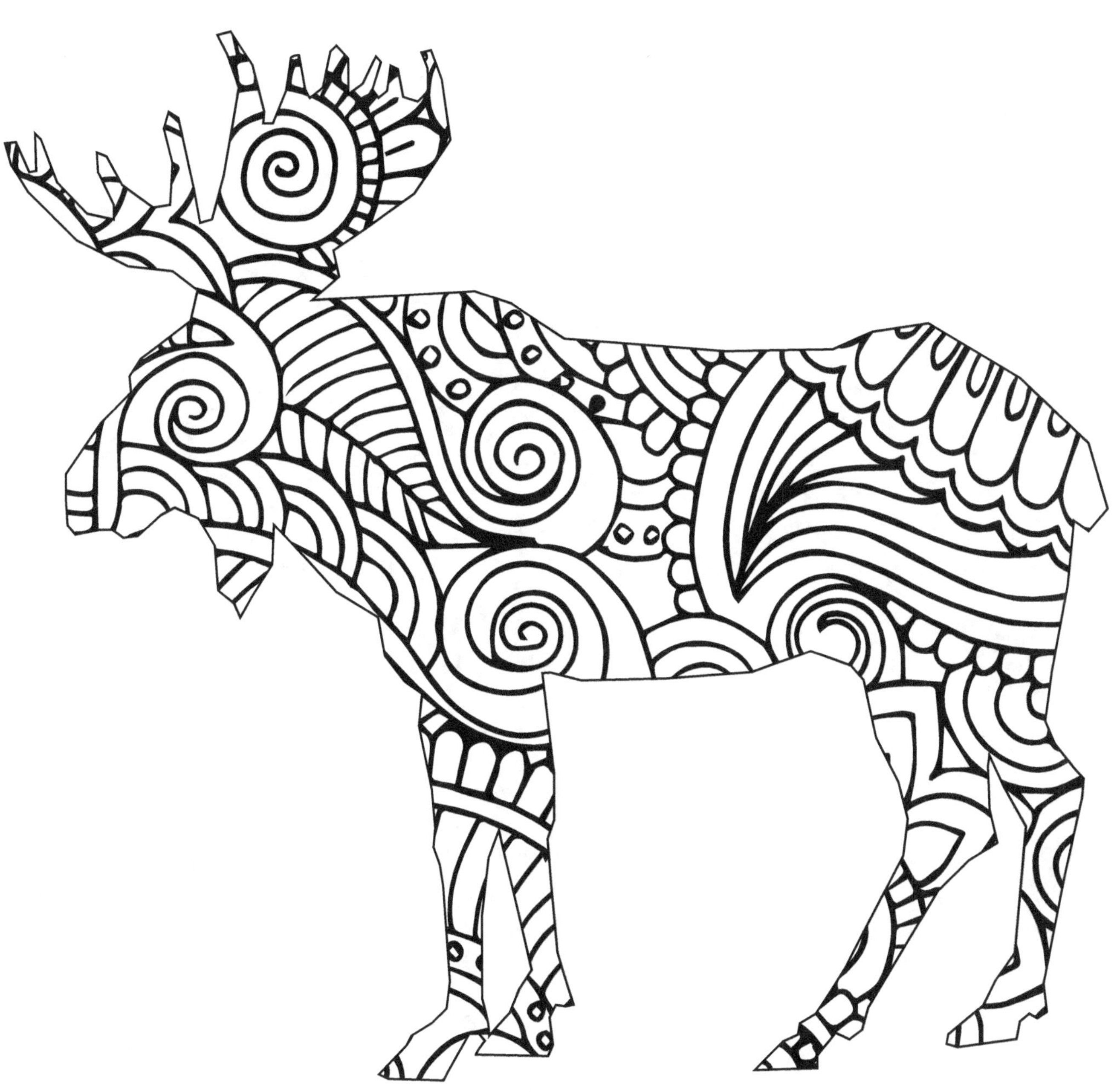

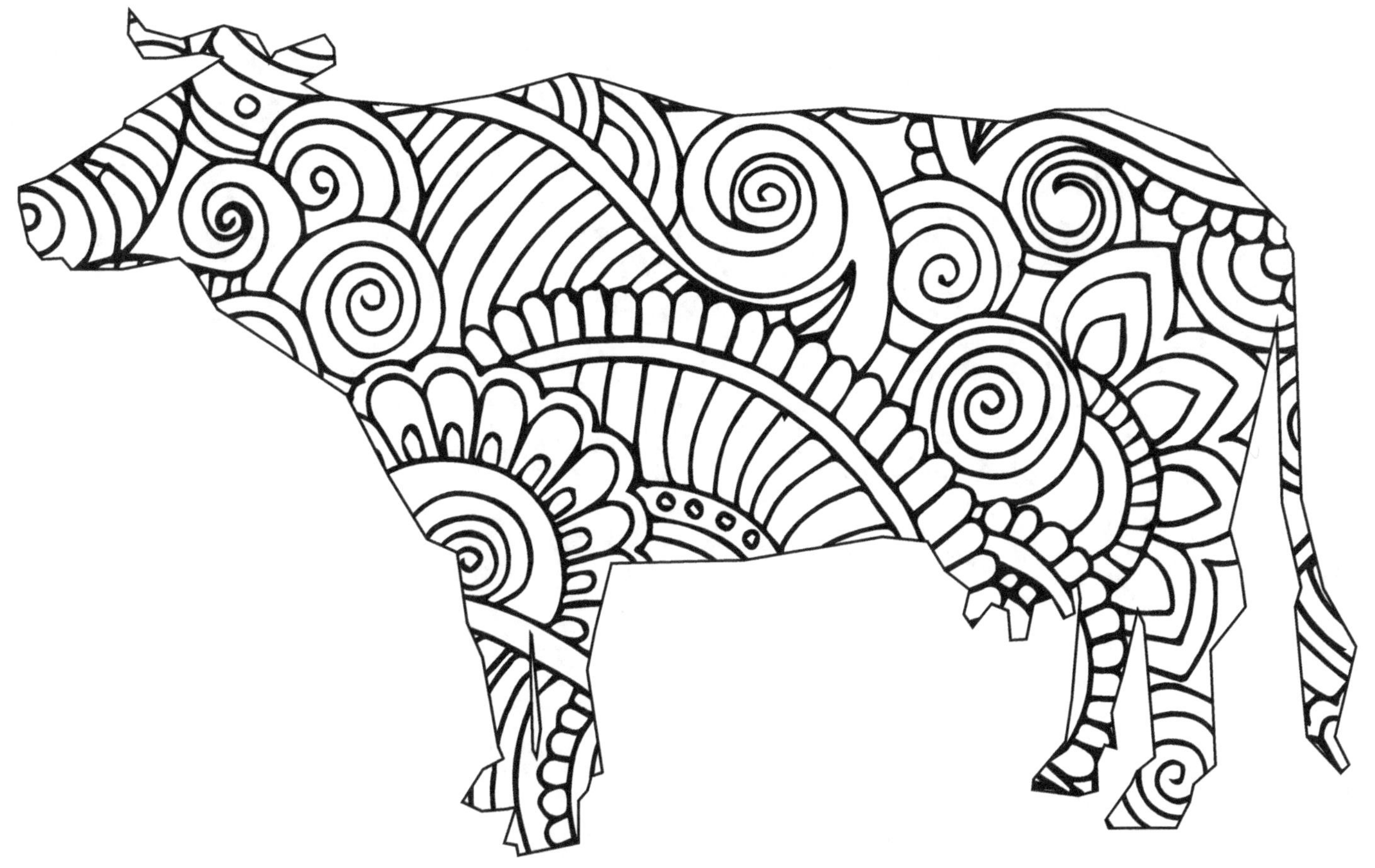

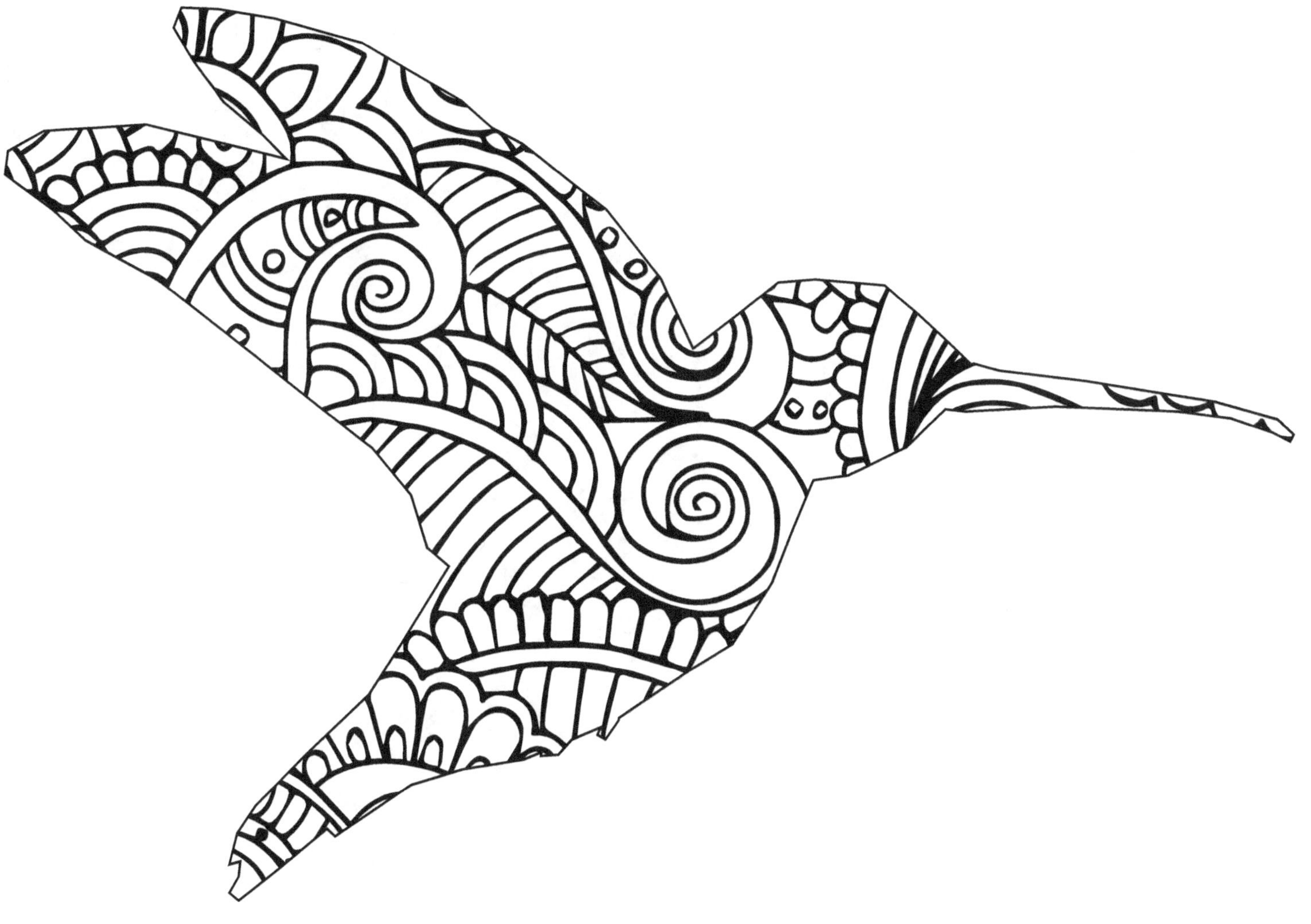

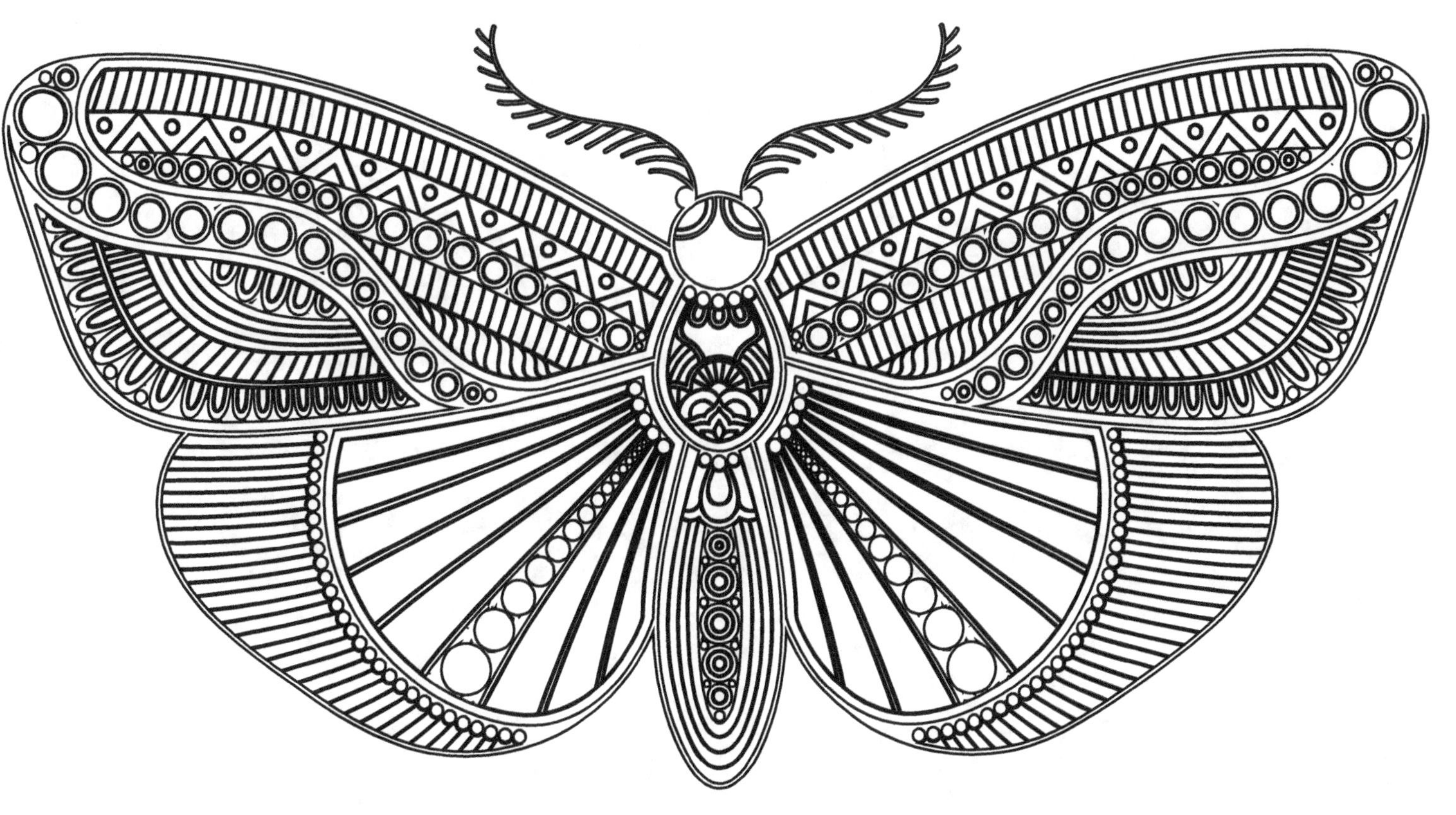

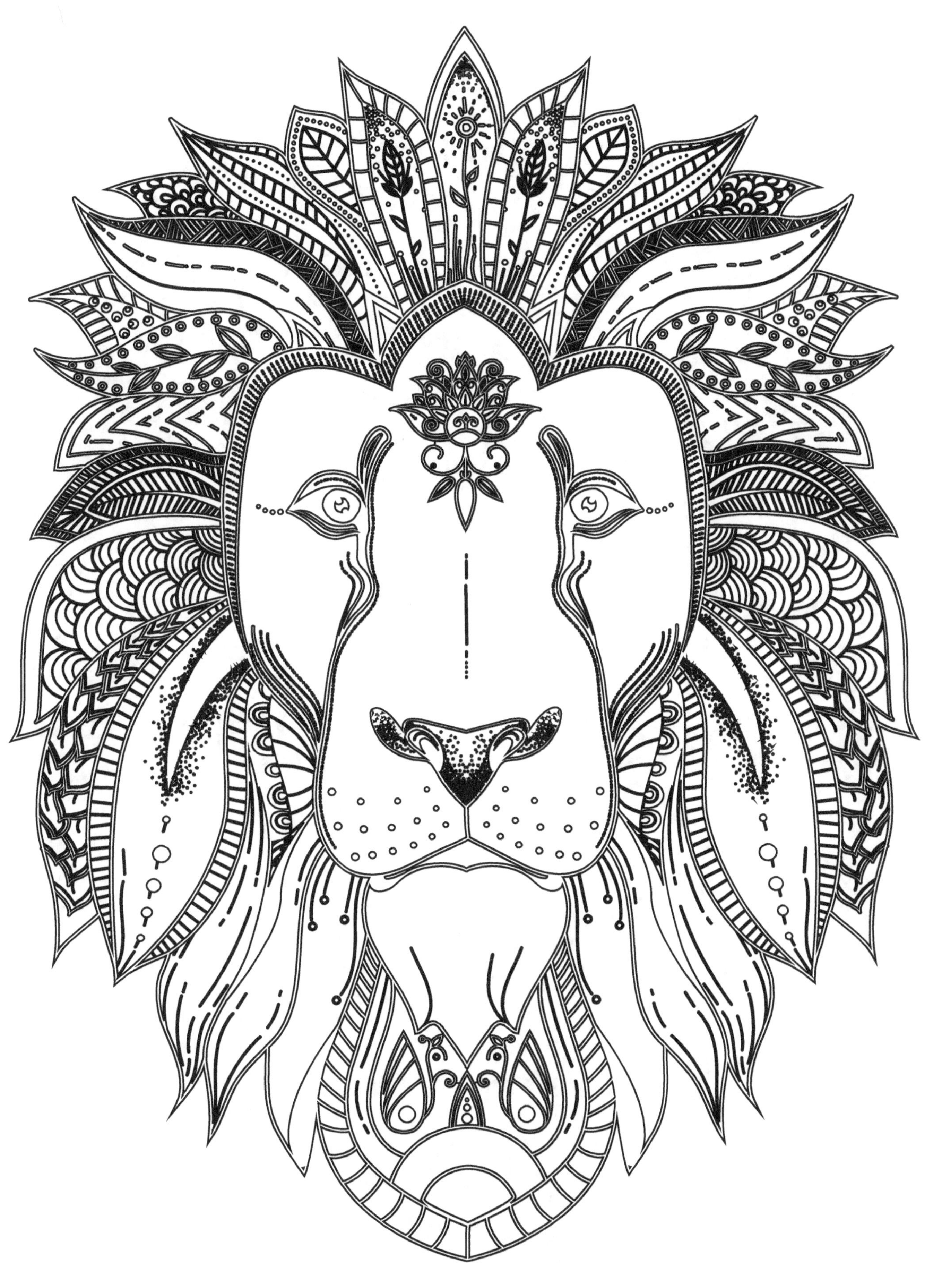

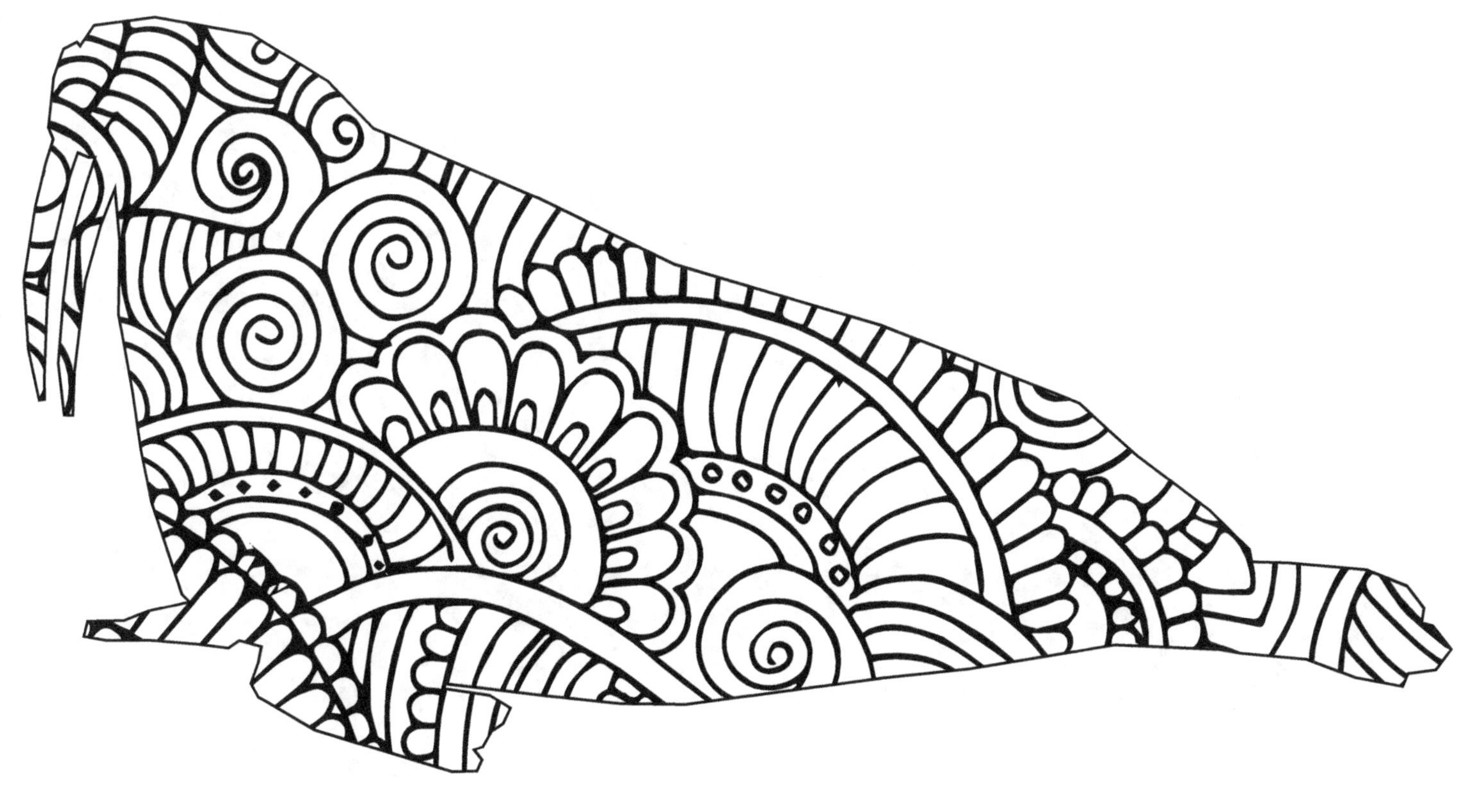

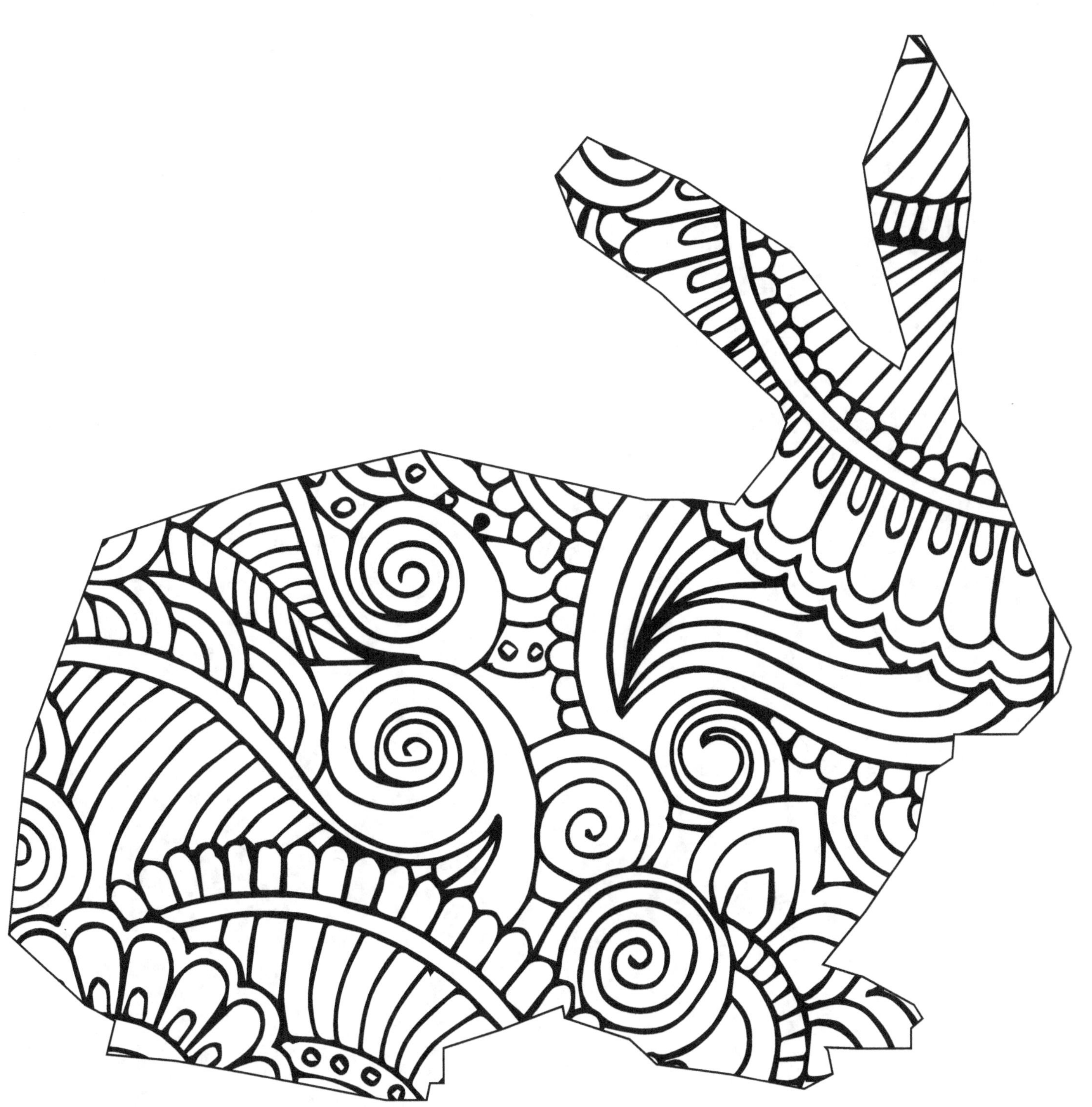

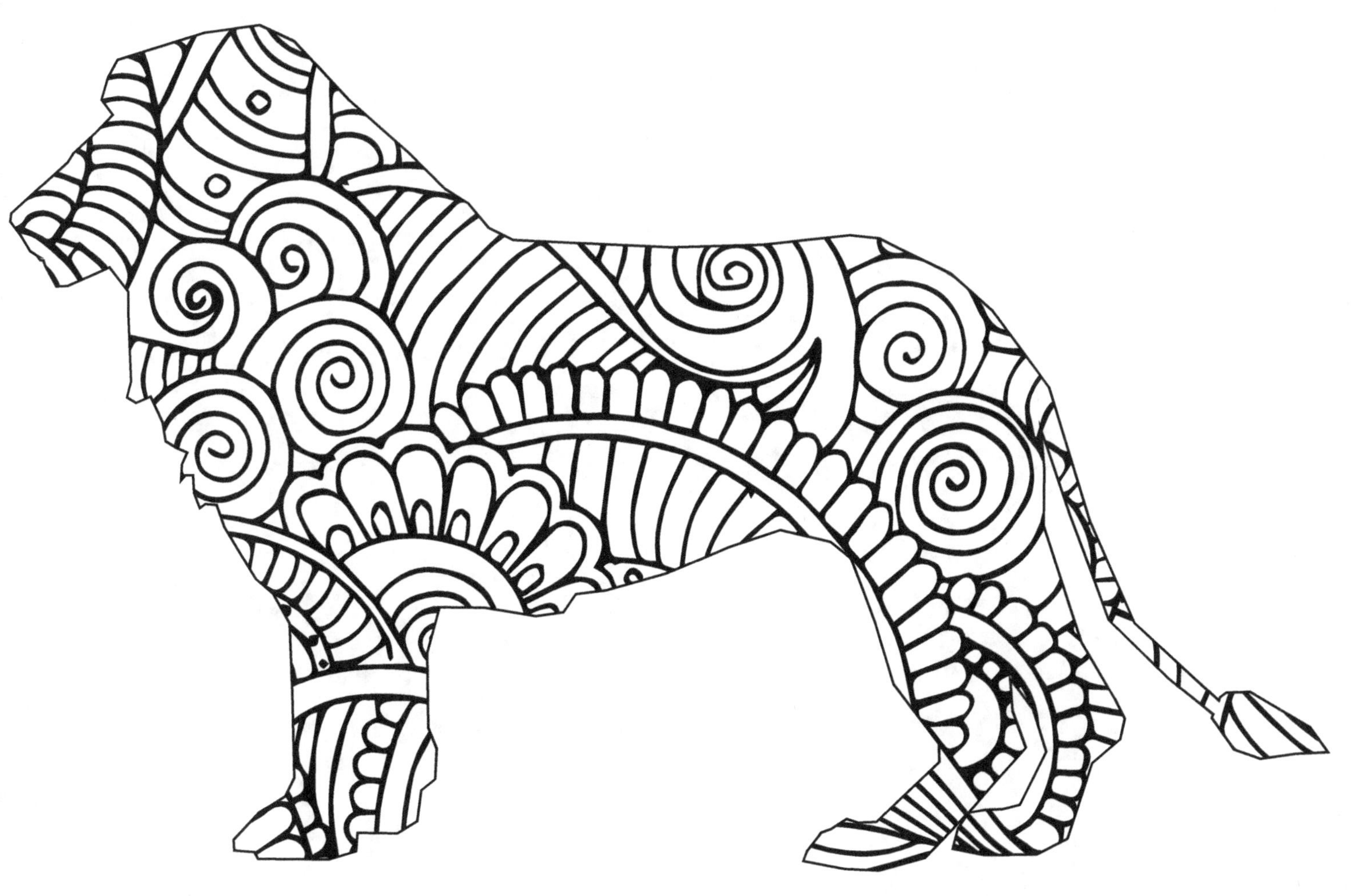

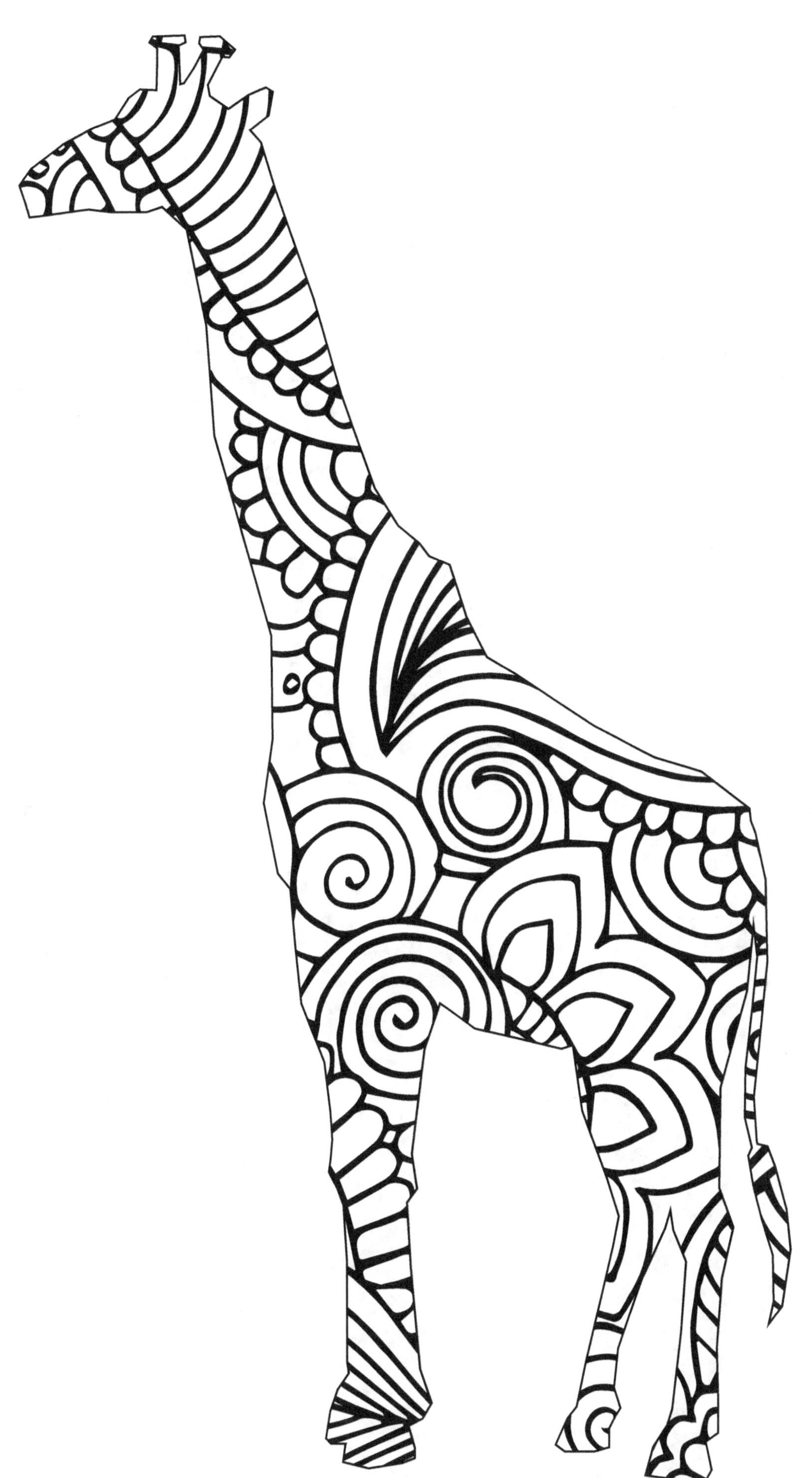

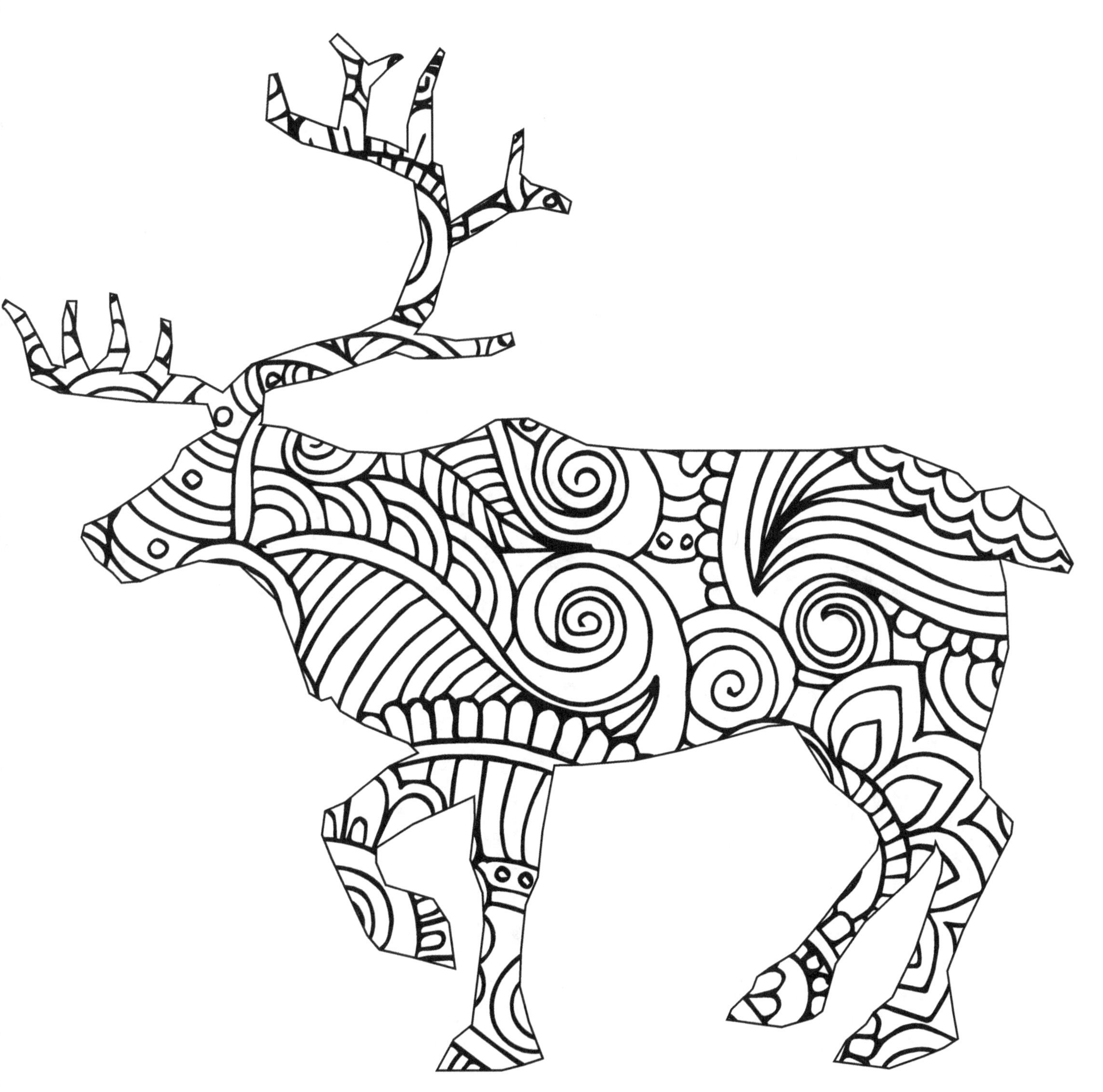

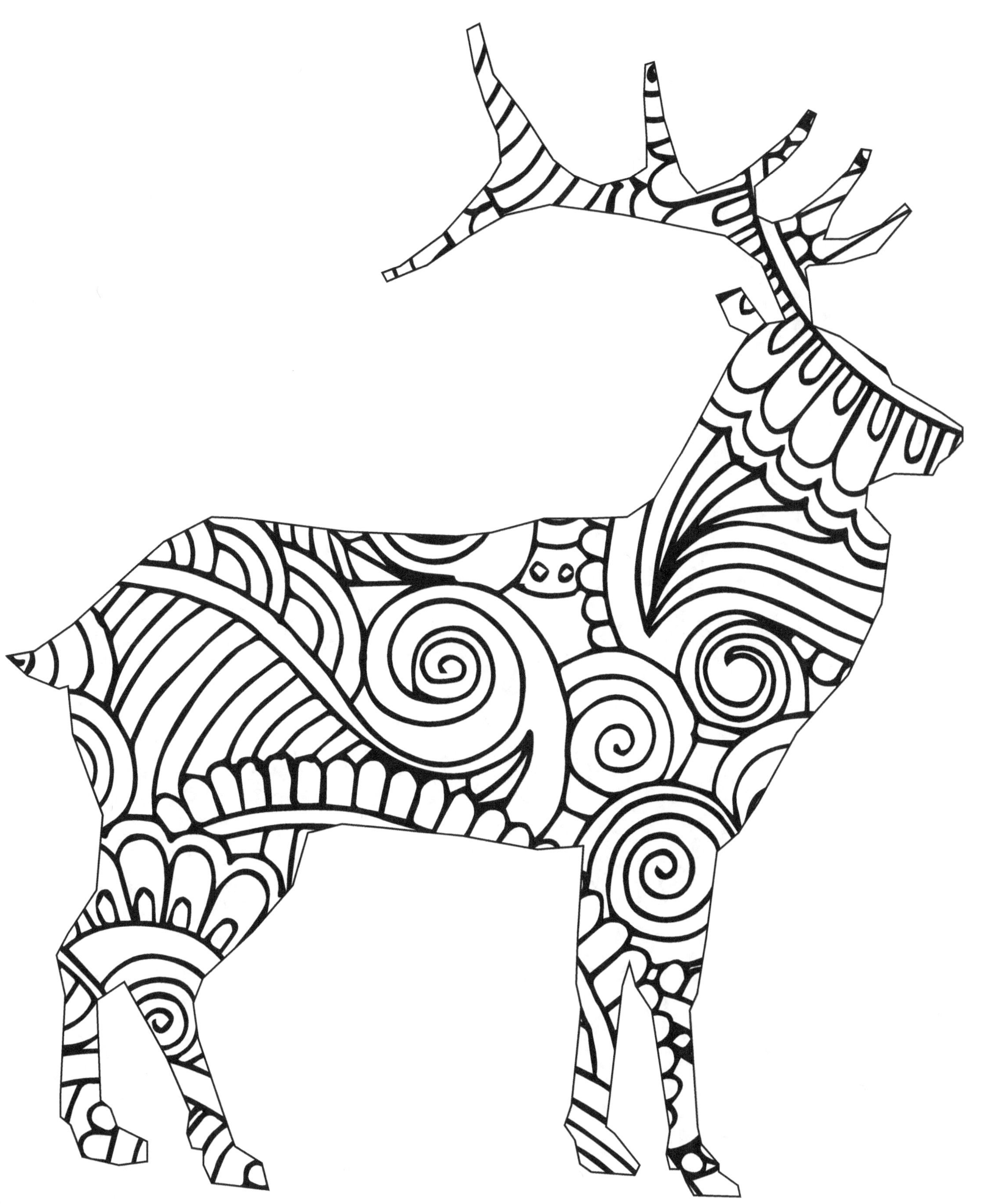

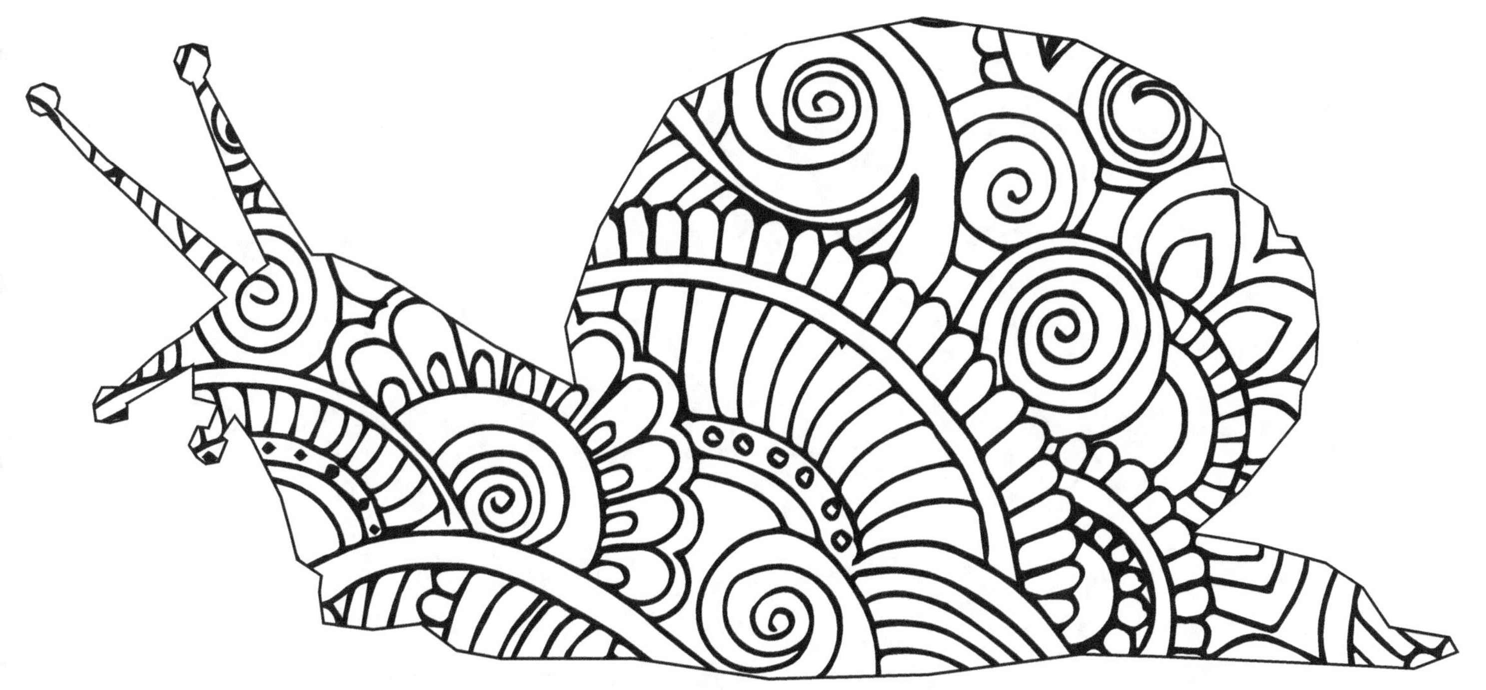

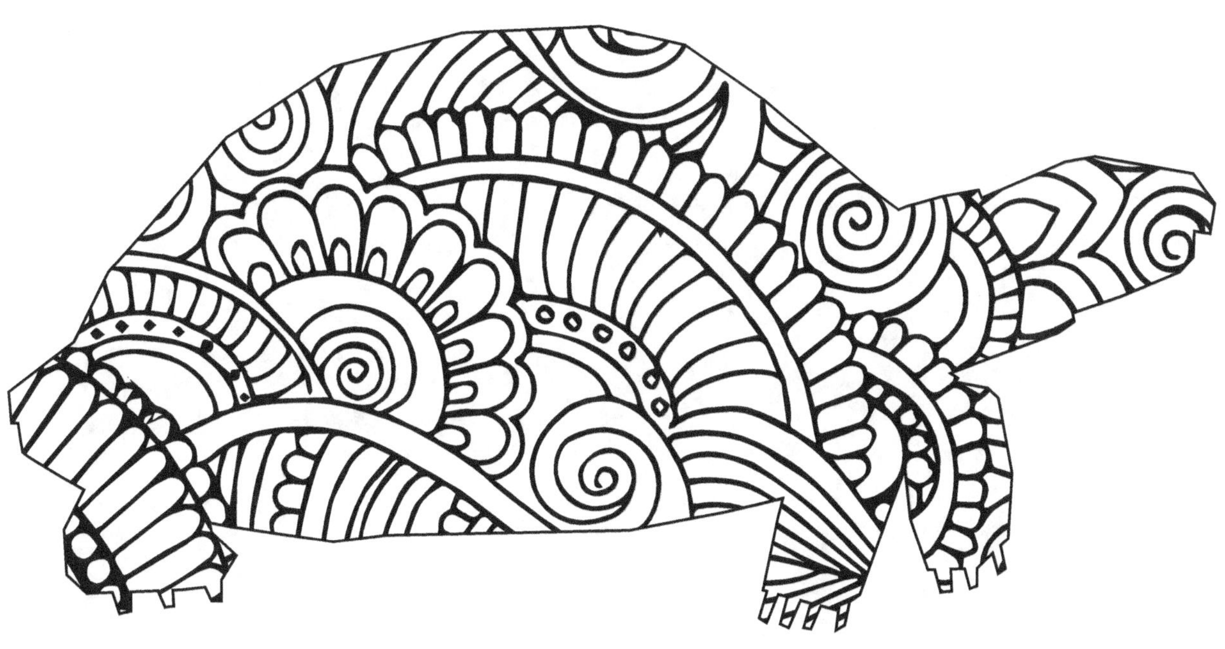

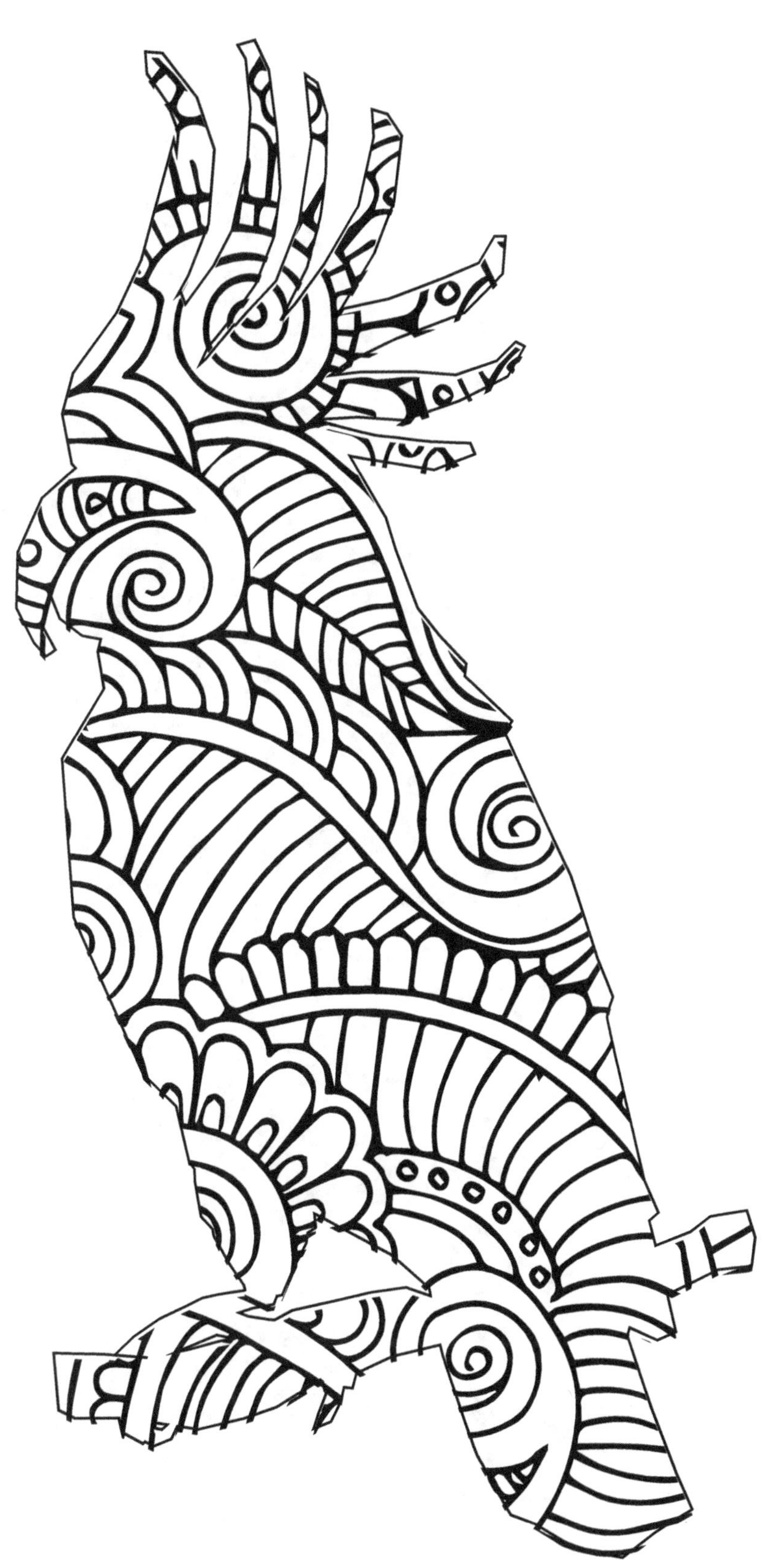

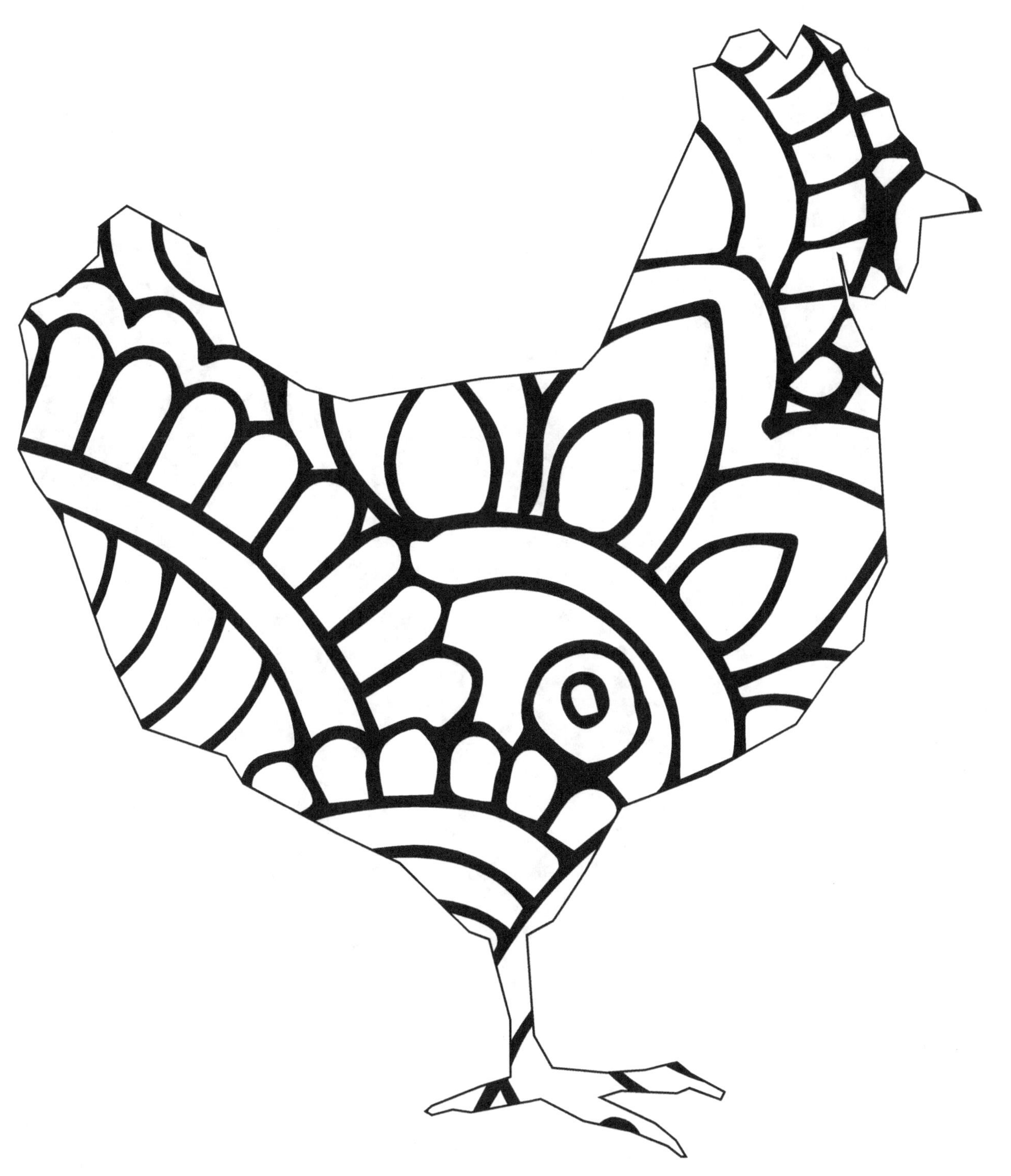

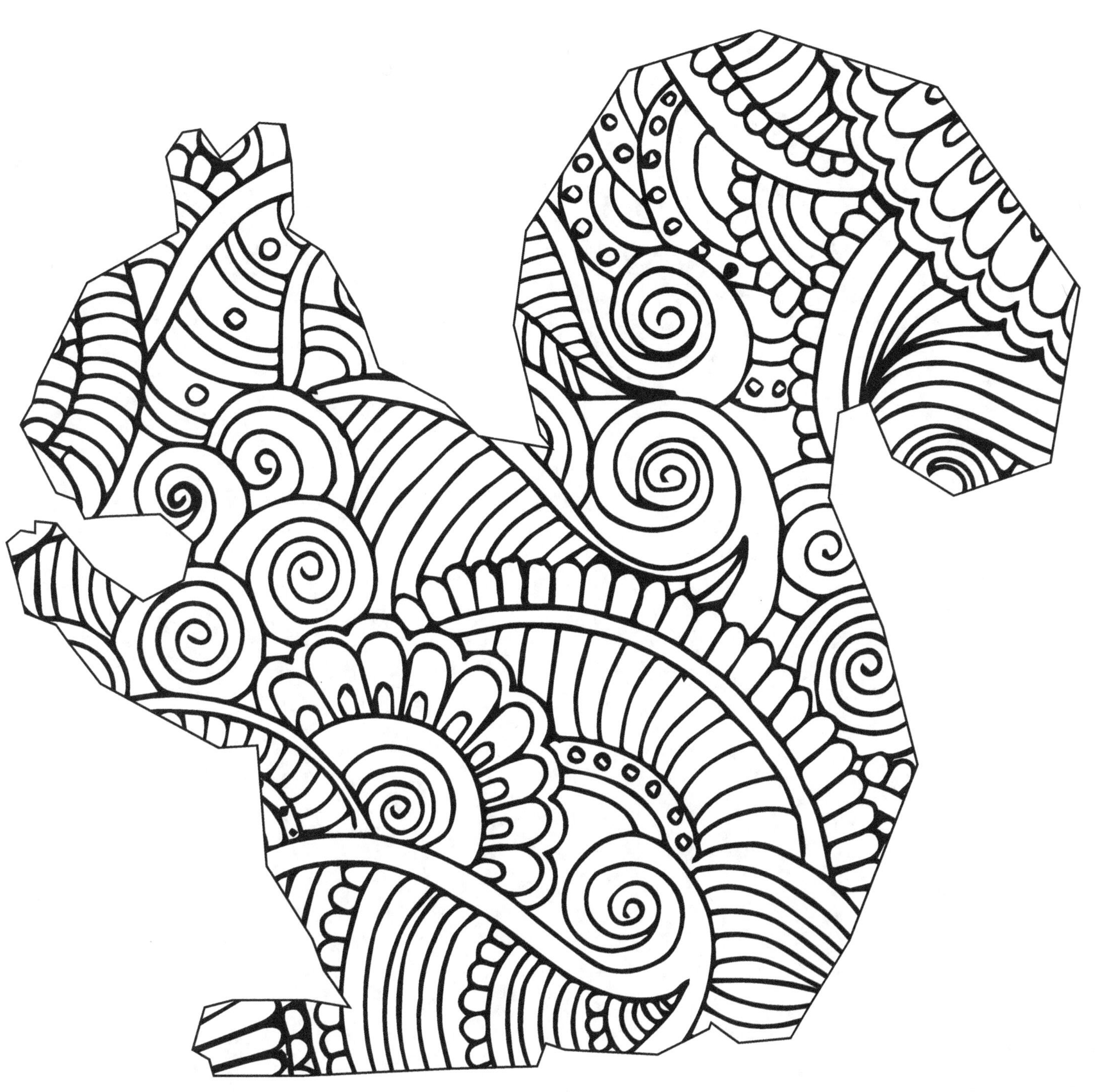

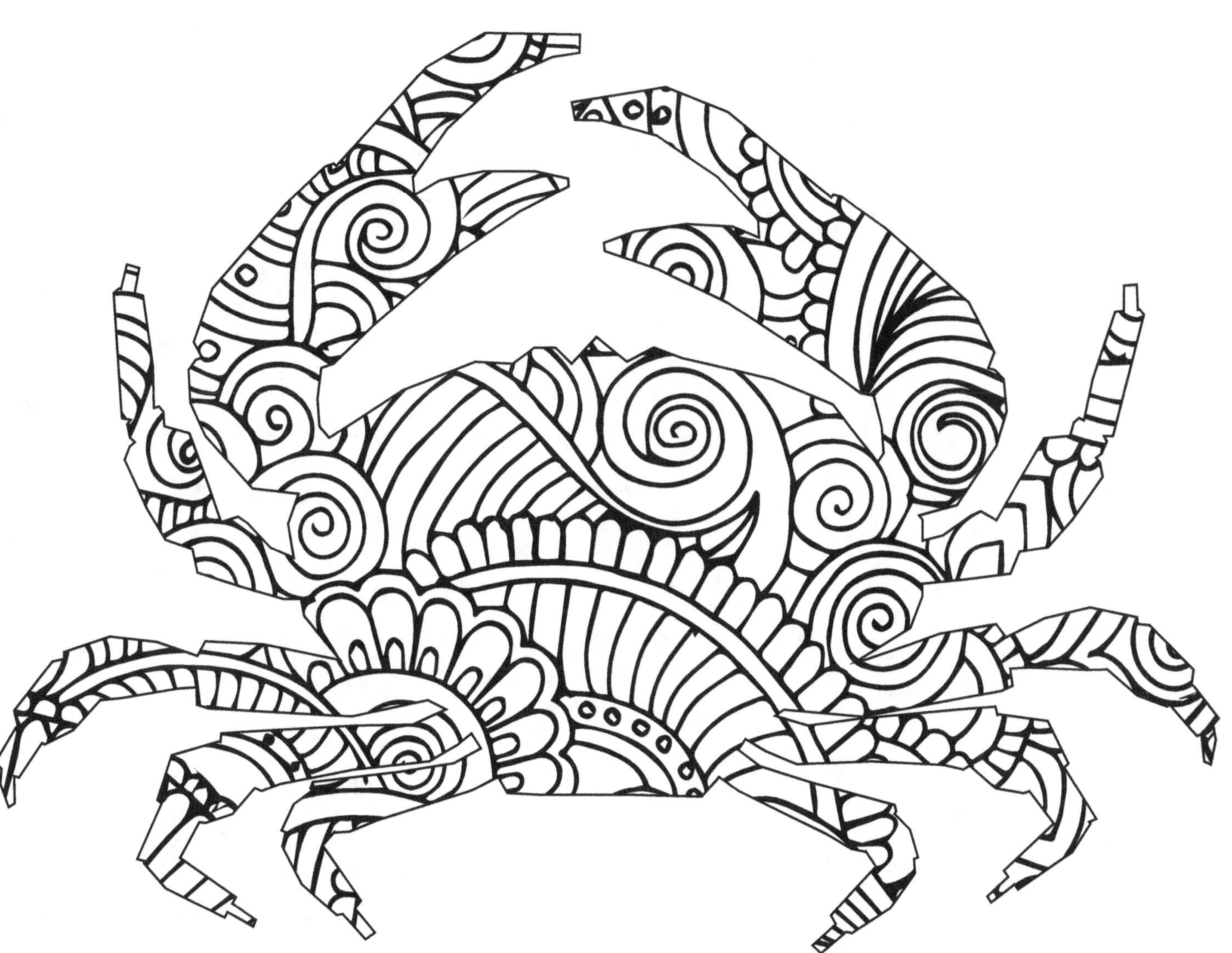

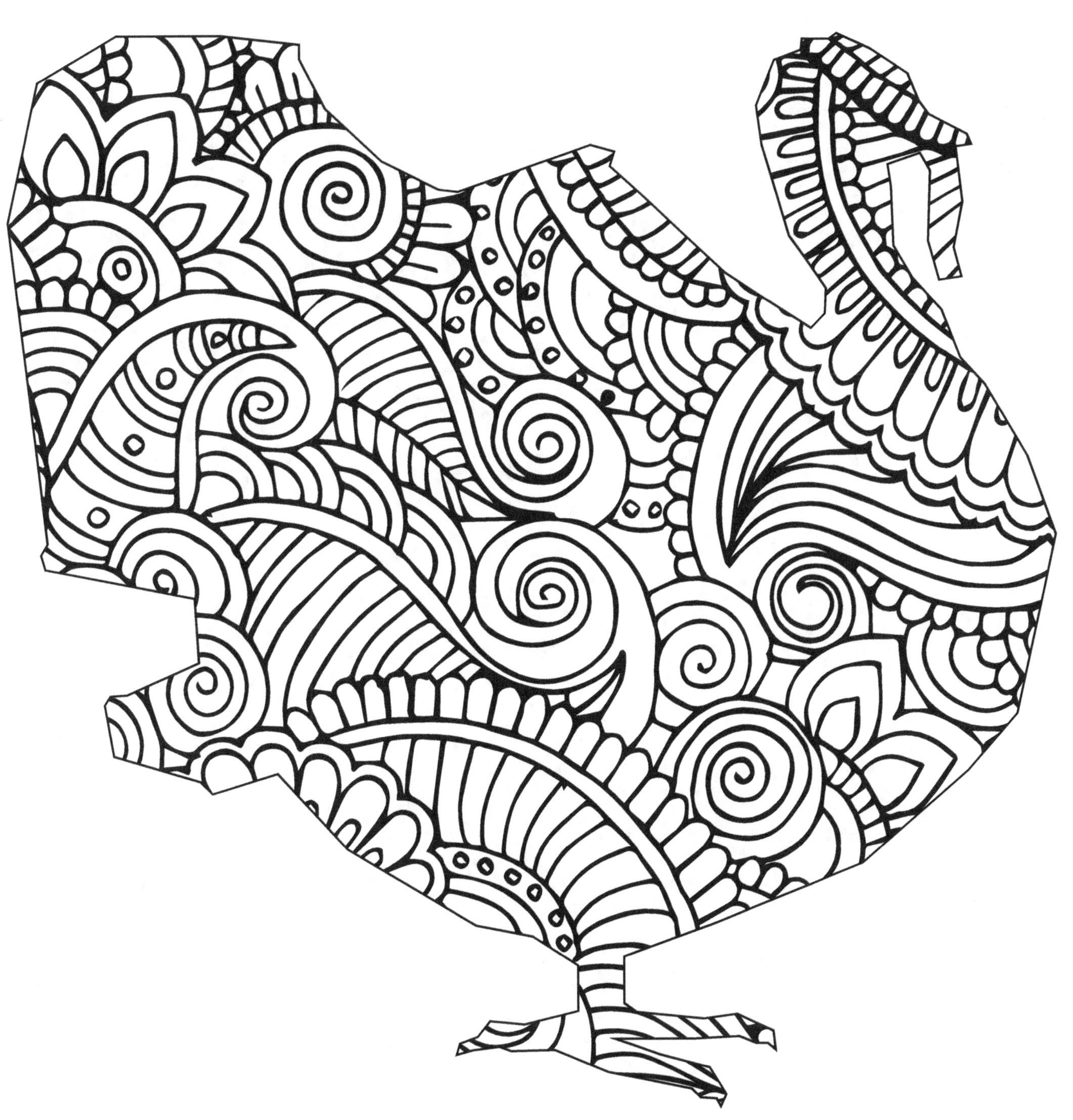

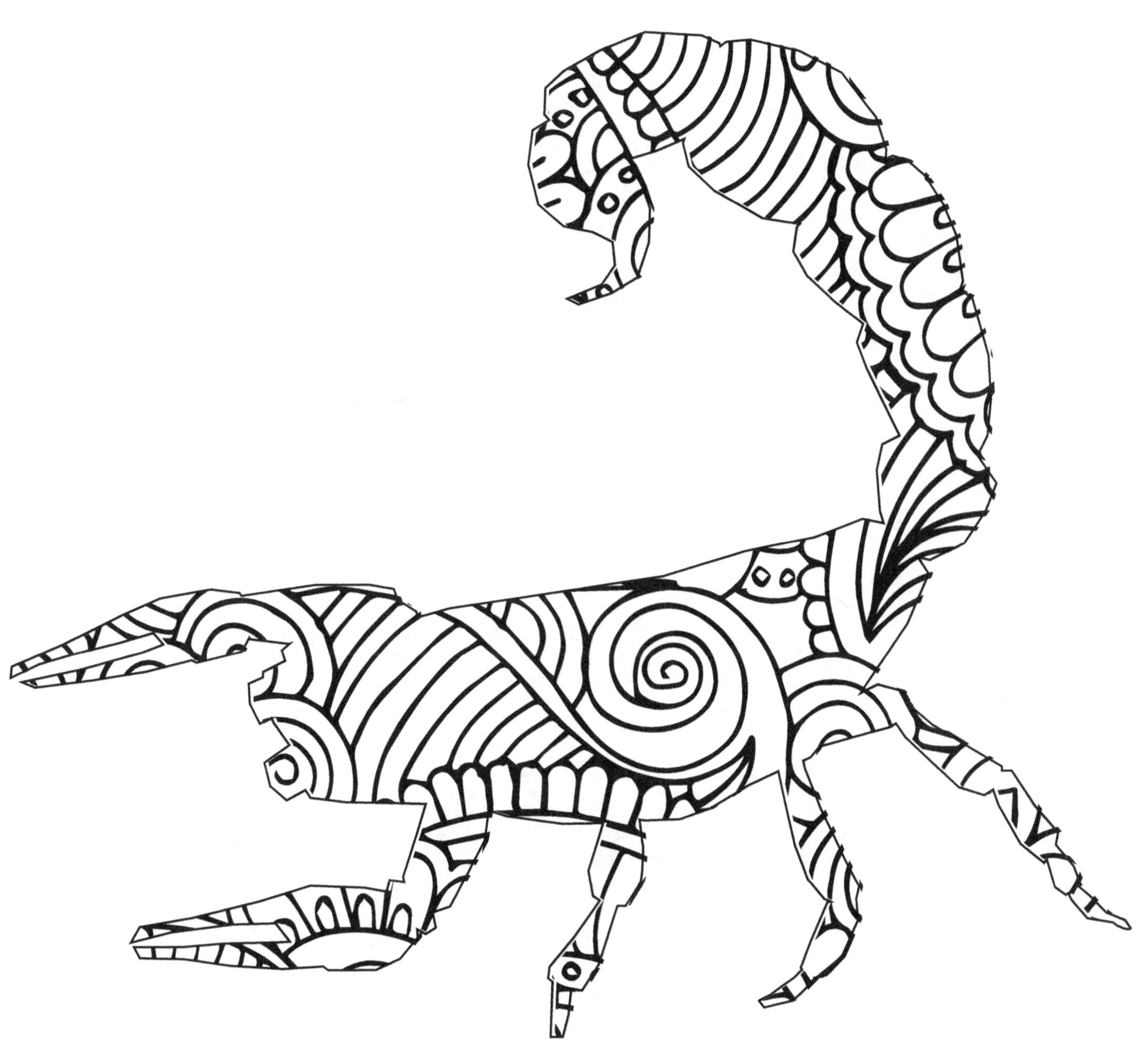

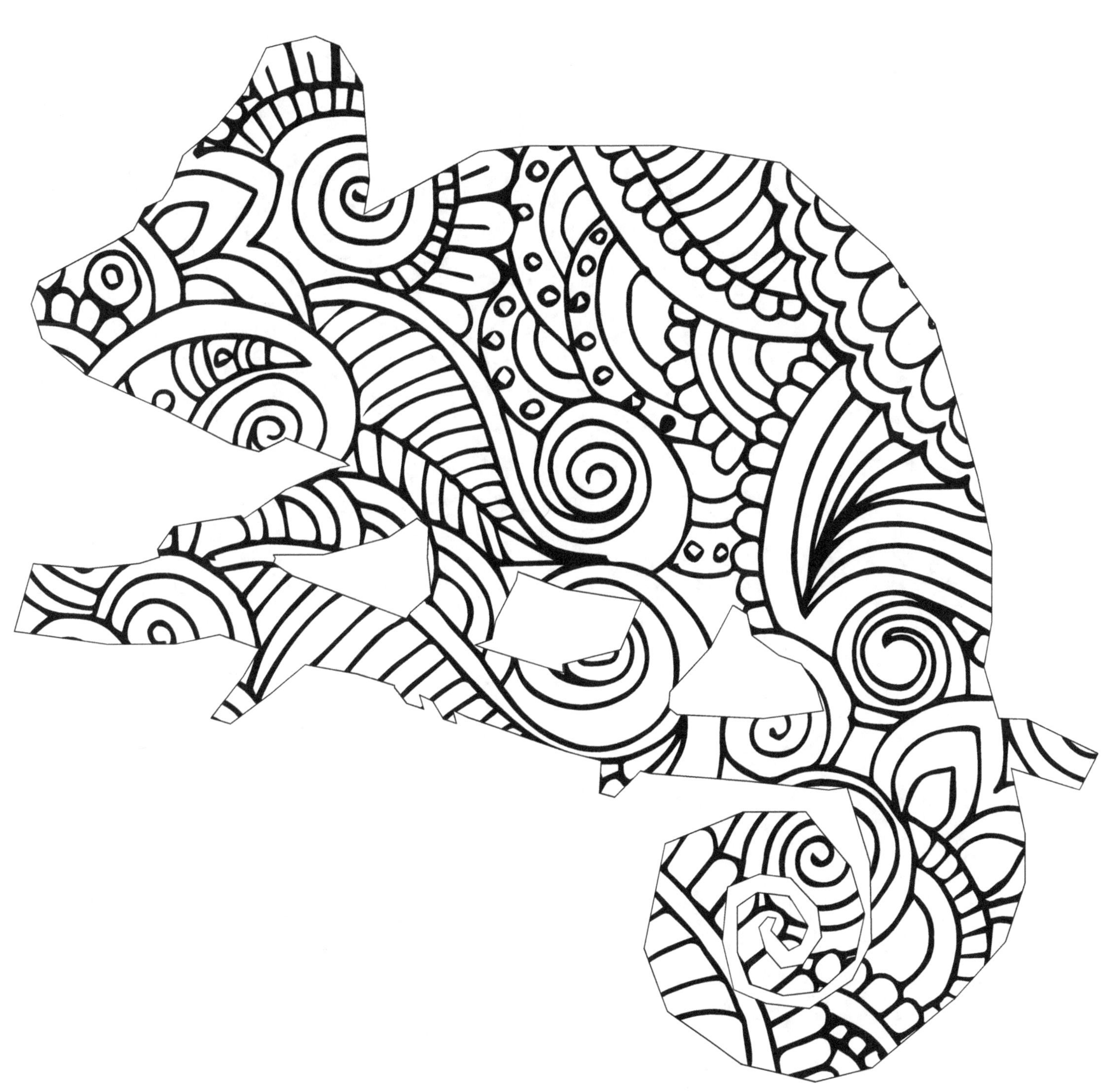

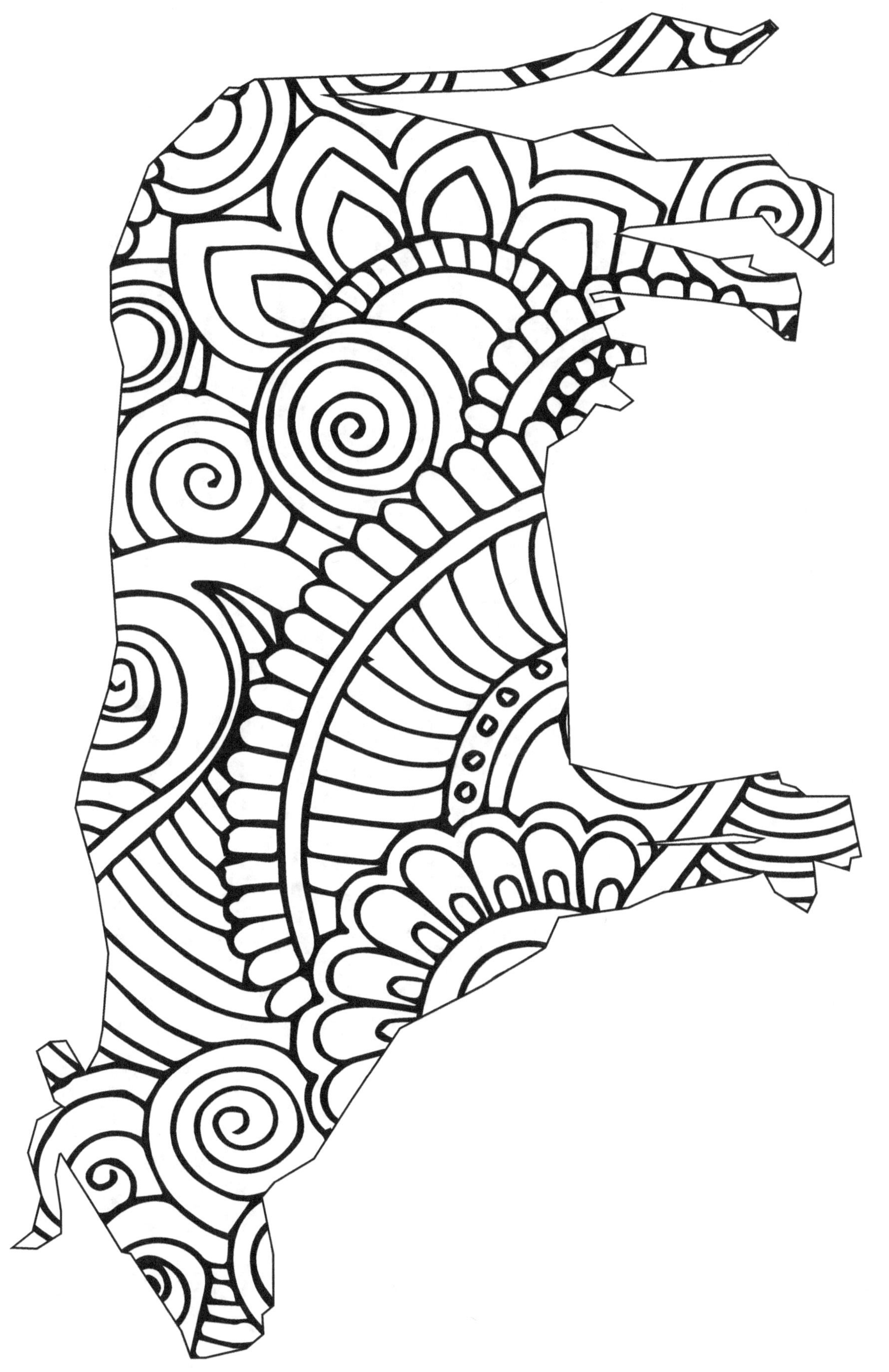

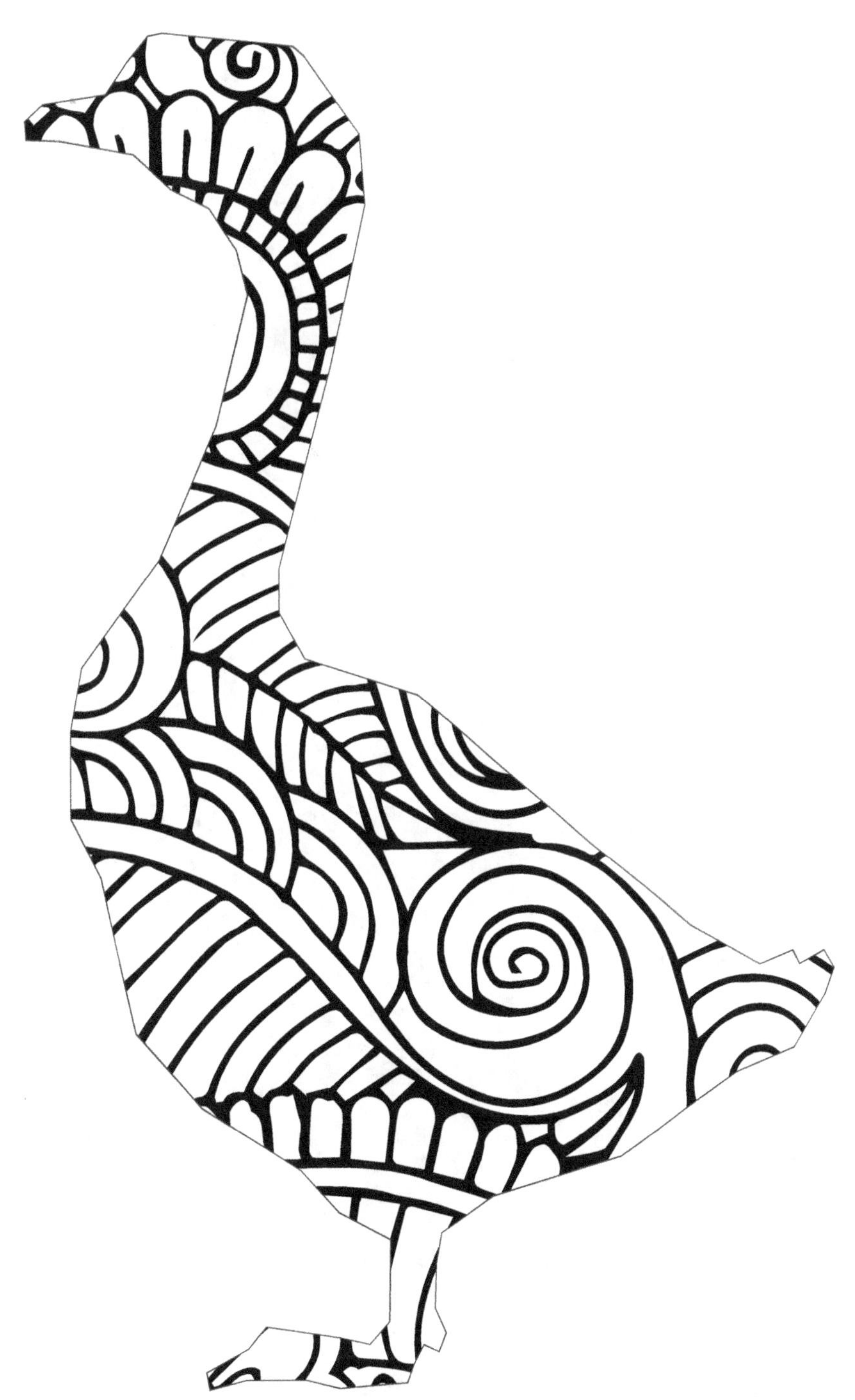

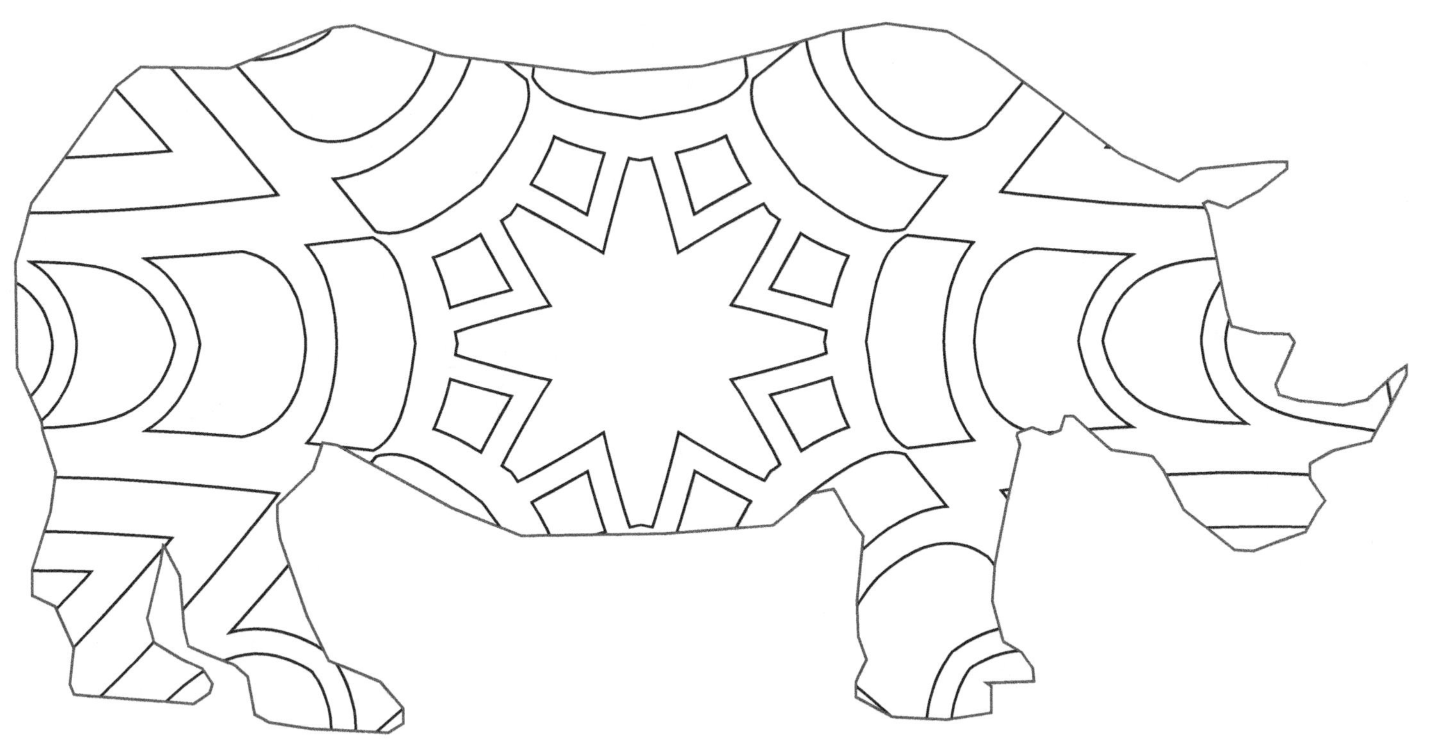

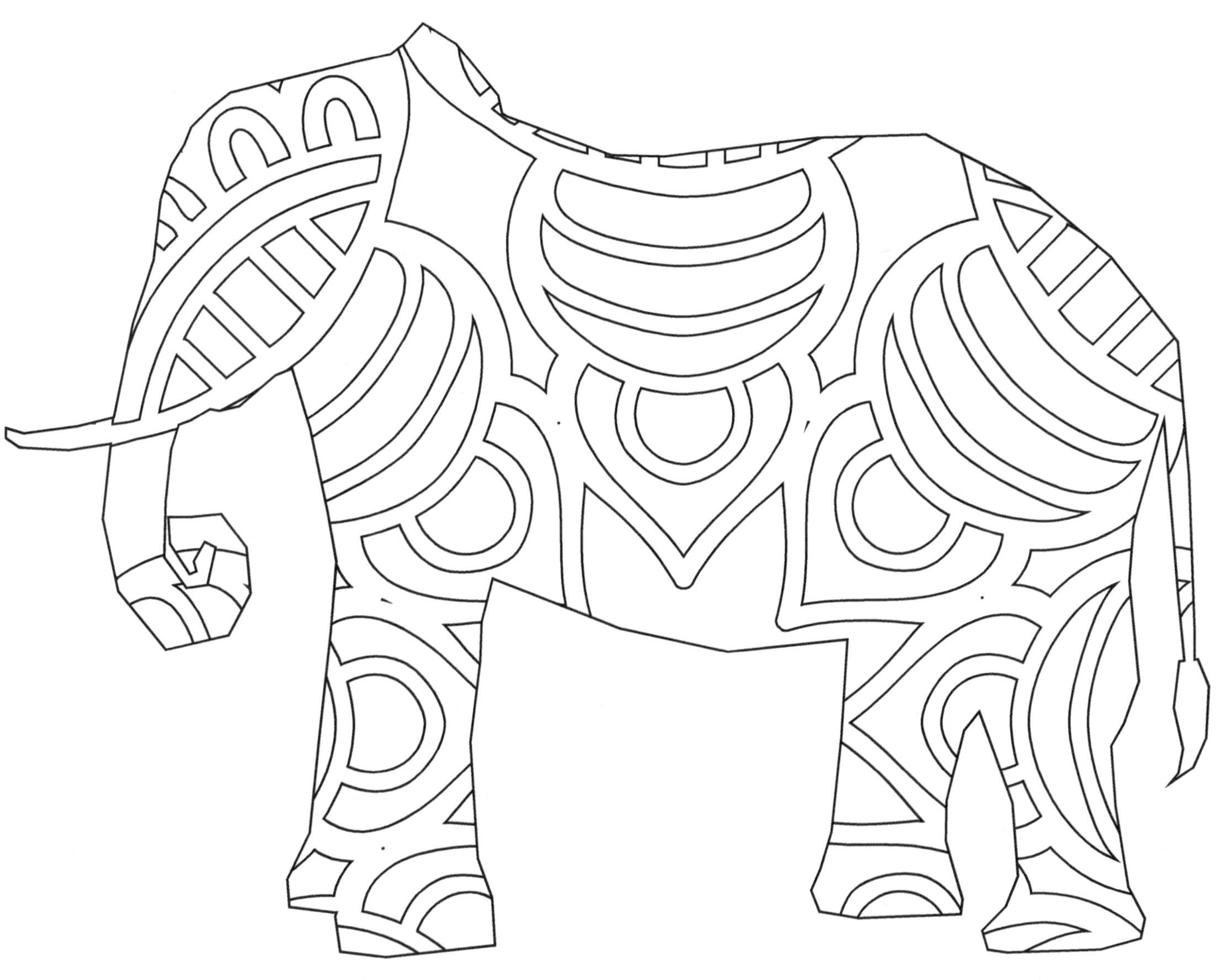

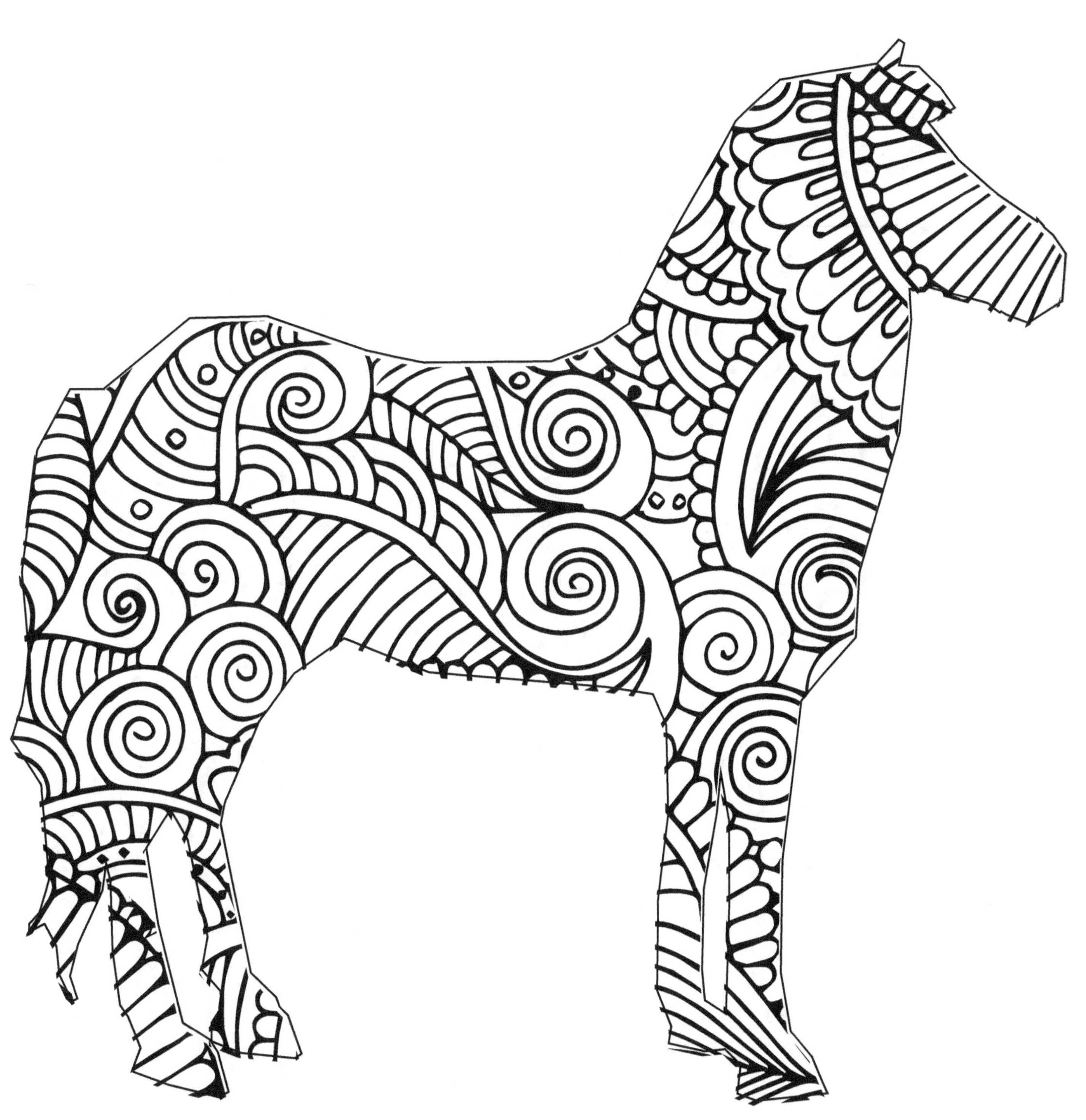

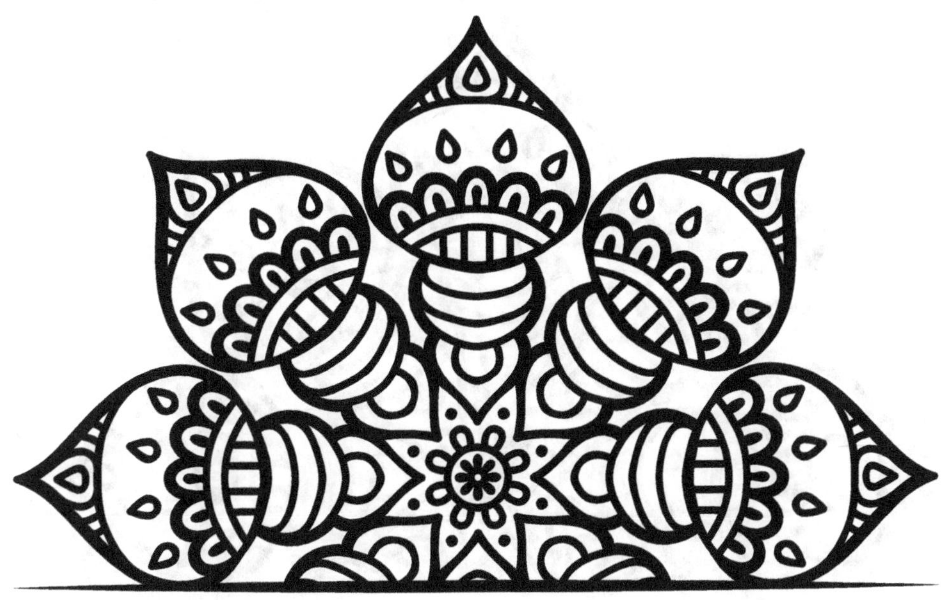

Questo libro appartiene a:

____

____

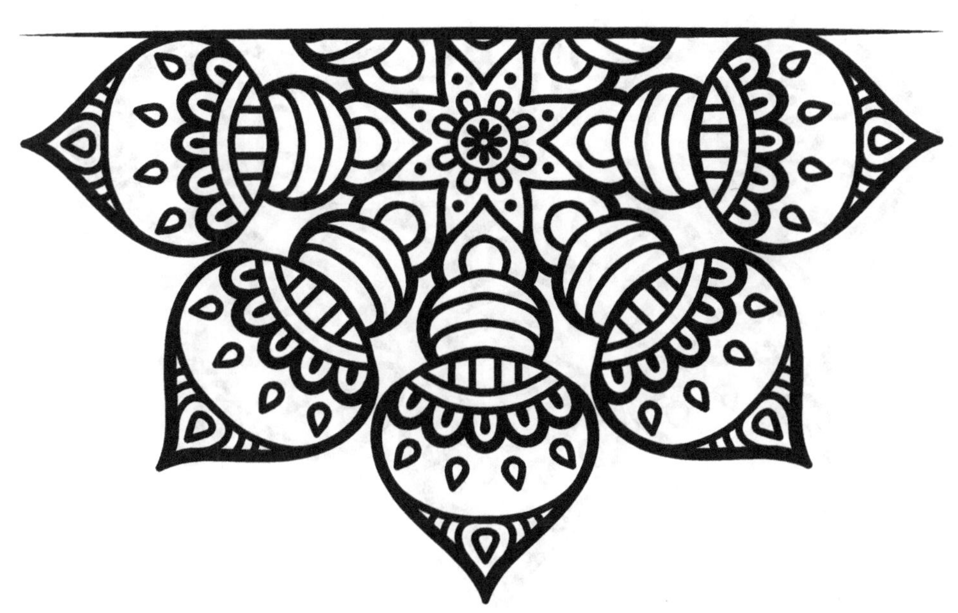

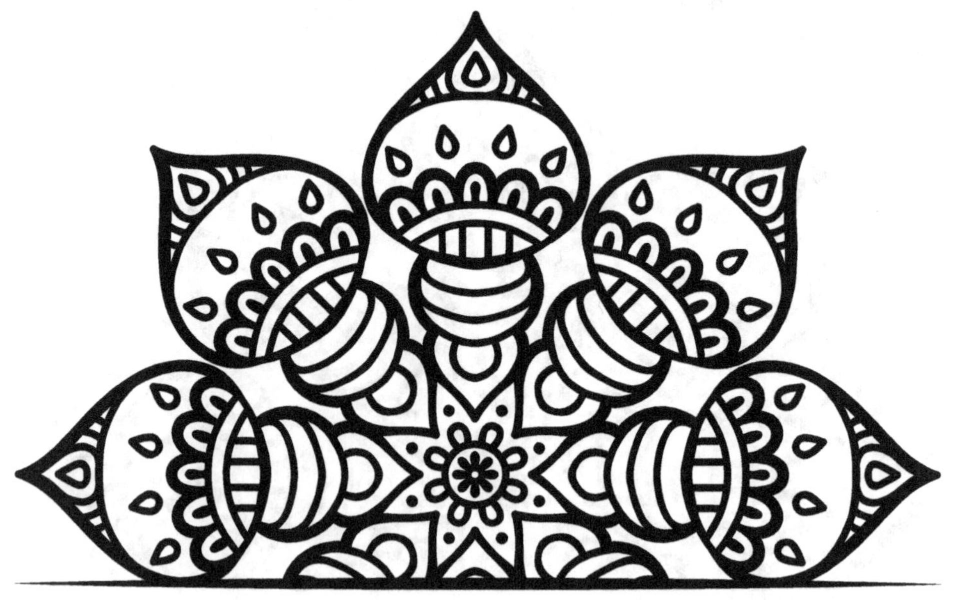

Questo libro appartiene a:

____

____

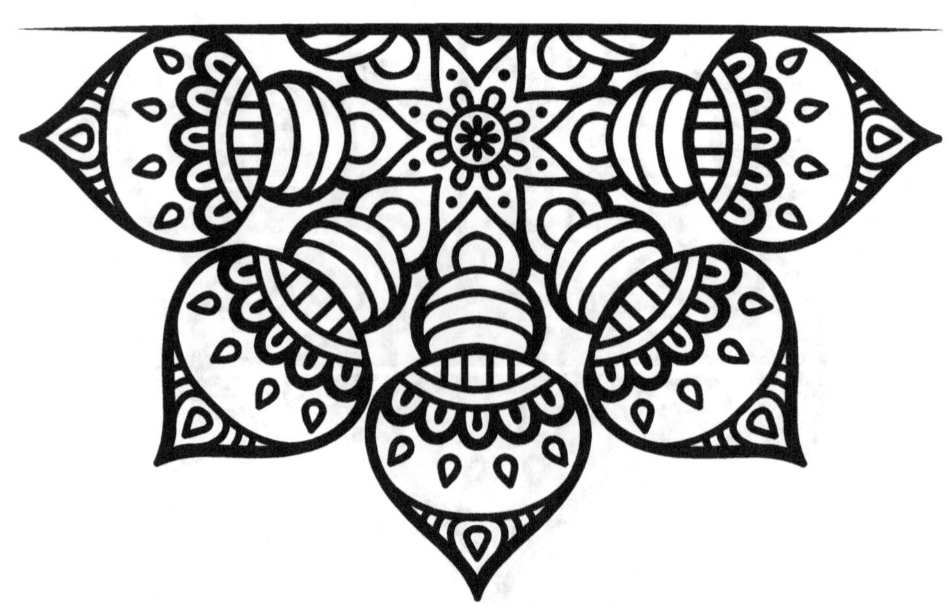